Literaturwissen

für Schule und Studium

Gottfried Benn

Von Wilhelm Große

Philipp Reclam jun. Stuttgart

Mit 6 Abbildungen

Universal-Bibliothek Nr. 15226
Alle Rechte vorbehalten
© 2002 Philipp Reclam jun. GmbH & Co., Stuttgart
Umschlagabbildung: Gottfried Benn, 1956
Foto: Fritz Eschen
Gesamtherstellung: Reclam, Ditzingen. Printed in Germany 2002
RECLAM und UNIVERSAL-BIBLIOTHEK sind eingetragene Marken
der Philipp Reclam jun. GmbH & Co., Stuttgart
ISBN 3-15-015226-7

www.reclam.de

Inhalt

I. Zeittafel

1886 2. Mai: Gottfried Benn als Sohn des protestantischen Pfarrers Gustav Benn (1857–1939) und seiner Frau Caroline Benn geb. Jequier (1858–1912) in **Mansfeld**, Kreis Westprignitz, geboren; Benn verbringt seine Kindheitsjahre in **Sellin** in der Neumark und erhält ersten Unterricht im Pfarrhaus.

1896–1903 Besuch des Friedrichs-Gymnasiums in **Frankfurt a. d. O.** (Internat); Abschluss mit dem Abitur. Freundschaft mit Klabund.

1903/04 Studium der Theologie und Philologie an der Universität in **Marburg**.

1904 Im Sommersemester setzt Benn sein Studium der Philologie in **Berlin** fort, wechselt aber 1905 zum Studium der Medizin über.

1905–10 Ausbildung an der Kaiser-Wilhelm-Akademie für das militärärztliche Bildungswesen in Berlin insgesamt zehn Semester; Preis der Medizinischen Fakultät der Universität Berlin für die Schrift über *Ätiologie der Pubertätsepilepsie* (erschienen in der »Zeitschrift für Psychiatrie«, 1911).

1910–12 Benn arbeitet als Unterarzt an der Charité; Veröffentlichungen: *Beitrag zur Geschichte der Psychiatrie*; *Gespräch*; *Medizinische Psychologie* (erschienen in »Die Grenzboten«).

1912 Promotion in Berlin zum Dr. med. mit einer Arbeit *Über die Häufigkeit des Diabetes mellitus im Heer*; Approbation zum Arzt; aktiver Militärarzt und Unterarzt in Prenzlau und Berlin-Spandau. Aus gesundheitlichen Gründen nimmt Benn seinen Abschied vom Militär und arbeitet als Pathologe und Serologe im Krankenhaus Charlottenburg-Westend. Veröffentlichung des ersten Gedichtheftes als Lyrisches Flugblatt bei A. R. Meyer: *Morgue und andere Gedichte*.

Beginn der Freundschaft mit Else Lasker-Schüler; lernt junge expressionistische Dichter im Café des Westens kennen (u. a. den Herausgeber der Zeitschrift »Aktion«, Franz Pfemfert, außerdem Carl Einstein, Alfred Lichtenstein, Paul Zech, Herwarth Walden).

1913 Benns zweiter Gedichtband *Söhne. Neue Gedichte* erscheint (Titelzeichnung von Ludwig Meidner). Sommeraufenthalt auf der Ostseeinsel **Hiddensee**. Benn lernt seine spätere Frau Edith Osterloh, eine Witwe aus München, kennen, die er bei Ausbruch des Krieges (Juli 1914) heiratet. Im November übernimmt er die Leitung des Pathologischen Instituts am Städtischen Krankenhaus in der Sophie-Charlotten-Straße.

1914 März–Juni: Reise als Schiffsarzt nach **Amerika**. Benn zieht als Militärarzt ins Feld, er nimmt an dem Einmarsch in **Belgien** teil. *Ithaka* (veröffentlicht in »Die weißen Blätter«).

1914–17 Im Oktober, nach der Besetzung von Antwerpen, wird Benn als Oberarzt an das Militärgouvernement in **Brüssel** versetzt. »Lebte in der Etappe einen guten Tag, war lange in Brüssel, wo Sternheim, Flake, Einstein, Hausenstein ihre Tage verbrachten.« Veröffentlichung von Gedichten in den Zeitschriften »Die Aktion«, »Der Sturm«, »Pan«, »Die weißen Blätter«.

1915 Geburt der Tochter Nele in Hellerau bei Dresden. *Gehirne. Novellen* (veröffentlicht als Heft in »Der jüngste Tag«, Leipzig, bei Kurt Wolff; vorher waren die einzelnen Teile in den »Weißen Blättern« erschienen).

1916 Die bisherigen Gedichte werden vereinigt in der Sammlung *Fleisch. Gesammelte Lyrik* (Die Aktionslyrik, Bd. 3). 10. November: Benn lässt sich als Facharzt für Haut- und Geschlechtskrankheiten in **Berlin**, Belle-Alliance-Str. 12, nieder und führt hier seine Arztpraxis bis 1935.

1918–20 Es erscheinen: *Diesterweg. Eine Novelle*; *Der Vermessungsdirigent. Erkenntnistheoretisches Drama*,

Gottfried Benn, 50er-Jahre

Karandasch; Etappe; Das moderne Ich; Schöpferische Konfession.

1920 *Der Garten von Arles; Prolog 1920.*

1918–23 Beschäftigung mit den Schriften von Oswald Spengler, Theodor Lessing, Ernst Troeltsch; Freundschaft mit Gertrud Zenses. 19. November 1922: Tod seiner Frau Edith; Bekanntschaft mit Ellen Overgaard, die Benns Tochter Nele in ihr Haus in Kopenhagen aufnimmt.

1922 Die *Gesammelten Schriften* erscheinen im Erich Reiß Verlag, Berlin.

1924 Gedichtzyklus *Schutt.*

1925 *Betäubung; Spaltung. Neue Gedichte.* In den nächsten Jahren erscheint eine Reihe von kulturkritischen Essays, darunter *Summa Summarum.*

1927 *Gesammelte Gedichte*, Berlin, Verlag Die Schmiede.

1928 *Gesammelte Prosa*, Potsdam, G. Kiepenheuer. Freundschaft mit dem Verleger Erich Reiß, mit George Grosz, dem Kunsthändler Alfred Flechtheim, Tilly Wedekind, Hein Ullstein u. a. Zusammenarbeit mit Paul Hindemith, der Benn auffordert, einen Text zu schreiben, für den er die Musik komponieren will. Tod Klabunds, auf den Benn die Totenrede hält.

1929 Dreiwöchige Autoreise durch **Frankreich** mit dem Kunsthändler Zatzenstein. Polemische Auseinandersetzung mit Johannes R. Becher und dem ›rasenden Reporter‹ Egon Erwin Kisch. *Goethe und die Naturwissenschaften* (veröffentlicht in »Die neue Rundschau«, 1932). Auf Vorschlag von Oskar Loerke wird Benn Mitglied der Preußischen Akademie der Künste, Abteilung Dichtung; *Akademie-Rede*; Beginn der Freundschaft mit dem Bremer Kaufmann Friedrich W. Oelze.

1931 *Fazit der Perspektiven; Das Unaufhörliche. Oratorium in 3 Teilen*, Musik von Paul Hindemith. *Nach dem Nihilismus.*

1933/34 Benn sympathisiert und kollaboriert für einige Monate mit der nationalsozialistischen Bewegung: *Der neue Staat und die Intellektuellen*; *Antwort an die literarischen Emigranten*; *Kunst und Macht*. Alfred Döblin, Heinrich Mann, Thomas Mann, René Schickele, Franz Werfel, Käthe Kollwitz u. a. treten aus der Preußischen Akademie aus. Benn wird Vizepräsident der »Union nationaler Schriftsteller«; zuvor war Benn vom NS-Ärztebund von der Liste attestberechtigter Ärzte gestrichen worden; Freundschaft mit Oskar Loerke, Renée Sintenis, Karl Hofer.

1935 Ende März gibt Benn Wohnung und Praxis in Berlin auf, verzichtet auf seine Mitgliedschaft in der Akademie der Dichtung und tritt in **Hannover** als Oberstabsarzt in die Wehrmacht ein (Wehrersatz-Inspektion).

1936 Die *Ausgewählten Gedichte* erscheinen; schwere Angriffe gegen Benn in »Das Schwarze Korps« und im »Völkischen Beobachter«; eine ›gereinigte‹ Ausgabe der *Ausgewählten Gedichte* erscheint Ende 1936 oder Anfang 1937.

1937 Sommer: Versetzung Benns nach **Berlin** als Versorgungsarzt; Ende des Jahres bezieht Benn seine Wohnung in der Bozener Str. 20, in der er bis zum Ende seines Lebens wohnen wird. Erneute Attackierung von Seiten der Nationalsozialisten; Benn wird als »Kulturbolschewist« beschimpft.

1938 Benn wird aus der Reichsschrifttumskammer ausgeschlossen und erhält Veröffentlichungsverbot. Im Januar heiratet er Herta von Wedemeyer aus Hannover.

1940–43 Benn arbeitet im Oberkommando der Wehrmacht in der Bendlerstraße; im September 1943 wird seine Dienststelle in die General-von-Strantz-Kaserne nach **Landsberg** an der Warthe verlegt. Trotz des Verbots zu veröffentlichen arbeitet Benn an Gedichten, Prosastücken und Essays, die später im *Ptolemäer* und der *Ausdruckswelt* veröffentlicht werden. Als Privatdruck erscheinen im August *Zweiundzwanzig Gedichte, 1936–1943.*

1945 Am 28. Januar flieht Benn nach **Berlin**. Herta Benn, von Benn selbst zu ihrem Schutz nach Neuhaus an der Elbe geschickt, begeht vor den anrückenden russischen Truppen am 2. Juli Selbstmord.

1946 Benn praktiziert wieder. Er heiratet am 18. Dezember Dr. Ilse Kaul.

1946–56 Benn stellt verlegerische Beziehungen zu Peter Schifferli, Verlag der Arche, Zürich, und zu Max Niedermayer, Limes Verlag, Wiesbaden, her.

1948 Die *Statischen Gedichte* erscheinen (zunächst im Arche Verlag, dann als Lizenzausgabe und um drei Gedichte vermehrt im Limes Verlag).

1949 *Drei alte Männer. Gespräche; Trunkene Flut. Ausgewählte Gedichte; Der Ptolemäer; Ausdruckswelt. Essays und Aphorismen.*

1950 *Doppelleben. Zwei Selbstdarstellungen; Frühe Prosa und Reden.*

1951 Benn erhält den Georg-Büchner-Preis in Darmstadt durch die Akademie für Sprache und Dichtung; *Fragmente. Neue Gedichte; Probleme der Lyrik; Essays.*

1952 *Die Stimme hinter dem Vorhang; Frühe Lyrik und Dramen.*

1953 *Monologische Kunst. Ein Briefwechsel zwischen Alexander Lernet-Holenia und Gottfried Benn; Destillationen. Neue Gedichte.*

1954 *Altern als Problem für Künstler; Provoziertes Leben. Ausgewählte Prosa.*

1955 Einleitung zu »Lyrik des expressionistischen Jahrzehnts«; *Aprèslude. Gedichte.*

1956 *Gesammelte Gedichte; Soll die Dichtung das Leben bessern? Zwei Reden.*
Benn stirbt am 7. Juli.

1958 *Primäre Tage. Gedichte und Fragmente aus dem Nachlaß.*

II. Autor und Werk

Benns Doppelleben

»Geboren 1886 als Sohn eines evangelischen Pfarrers und einer Französin aus der Gegend von Yverdon in einem Dorf von dreihundert Einwohnern etwa in der Mitte zwischen Berlin und Hamburg, aufgewachsen in einem Dorf derselben Größe in der Mark. Kam aufs Gymnasium, dann auf die Universität, studierte zwei Jahre Philosophie und Theologie, dann Medizin auf der Kaiser-Wilhelm-Akademie, war aktiver Militärarzt in Provinzregimentern, bekam bald den Abschied, da nach einem sechsstündigen Galopp bei einer Übung eine Niere sich lockerte, bildete mich ärztlich weiter aus, fuhr nach Amerika, impfte das Zwischendeck, zog in den Krieg, erstürmte Antwerpen, lebte in der Etappe einen guten Tag, war lange in Brüssel, wo Sternheim, Flake, Einstein, Hausenstein ihre Tage verbrachten, wohne jetzt in Berlin als Spezialarzt, Sprechstunde abends fünf bis sieben.

Ich approbierte, promovierte, doktorierte, schrieb über Zuckerkrankheit im Heer, Impfungen bei Tripper, Bauchfellücken, Krebsstatistiken, erhielt die Goldene Medaille der Universität Berlin für eine Arbeit über Epilepsie; was ich an Literatur verfaßte, schrieb ich, mit Ausnahme der *Morgue*, die 1912 bei A. R. Meyer erschien, im Frühjahr 1916 in Brüssel. Ich war Arzt an einem Prostituiertenkrankenhaus, ein ganz isolierter Posten, lebte in einem konfiszierten Haus, elf Zimmer, allein mit meinem Burschen, hatte wenig Dienst, durfte in Zivil gehen, war mit nichts behaftet, hing an keinem, verstand die Sprache kaum; strich durch die Straßen, fremdes Volk; eigentümlicher Frühling, drei Monate ganz ohne Vergleich, was war die Kanonade von der Yser, ohne die kein Tag verging, das Leben schwang in einer Sphäre von Schweigen und Verlorenheit, ich lebte am Rande, wo das Dasein fällt und das Ich beginnt. Ich denke oft an diese Wochen zurück; sie waren das Leben, sie werden nicht wiederkommen, alles andere war Bruch« (8,1873 f.)[1].

Dieser Auszug aus *Epilog und lyrisches Ich* charakterisiert Benn in seiner Zweigesichtigkeit: hier der Sohn eines Theologen, Student, Mediziner bzw. Militärarzt; dort der Abgesonderte, der bewusst in einer Welt von Schweigen und Verlorenheit lebt und seinem Ich nachsinnt.

Bis in seinen letzten autobiographischen Text hinein besteht Benn auf dieser Absonderung: Im Text, *1956* überschrieben, heißt es am Ende wie ein letztes Bekenntnis: »Sich absondern – das klingt vielen nicht gut, das klingt vielen provokatorisch und wahlurnenfeindlich, ist es aber nicht, es handelt sich vielmehr um etwas Innerliches, das man lange vergaß: Im Anfang war das Wort und nicht das Geschwätz, und am Ende wird nicht die Propaganda sein, sondern wieder das Wort. Das Wort, das bindet und schließt, das Wort der Genesis, das die Feste absondert von den Nebeln und den Wassern, das Wort, das die Schöpfung trägt« (8,2042).

Benn betont demnach immer wieder seine Doppelexistenz, sein »Doppelleben«, wie er dann auch seine Teilbiographie, die Fortsetzung seines *Lebensweges eines Intellektualisten* betitelt hat. »Doppelleben« heißt für Benn, wie er einmal holzschnitthaft zusammenfasst:

»Das, was lebt, ist etwas anderes als das, was denkt, dies ist eine fundamentale Tatsache unserer Existenz und wir müssen uns mit ihr abfinden« (8,1994). Von Anfang an bestreitet Benn demnach das Ideal einer ›Einheit der Persönlichkeit‹:

»Die Einheit der Persönlichkeit ist eine fragwürdige Sache. […] Denken und Sein, Kunst und die Gestalt dessen, der sie

---

1 Benn wird zitiert mit Band- und Seitenzahl nach der Ausgabe: Gottfried Benn, *Gesammelte Werke in acht Bänden*, hrsg. von Dieter Wellershoff, Wiesbaden 1968.

macht, ja sogar das Handeln und das Eigenleben von Priva-
ten sind völlig getrennte Wesenheiten – ob sie überhaupt
zusammengehören, lasse ich dahingestellt« (8,2002).
»Doppelleben« heißt auch in gedoppelter Weise existieren:
in der Banalität des Alltags und in der ›Ekstase‹, wörtlich:
dem ›Aussichherausgetretensein‹ des künstlerischen Au-
genblicks. In die Welt der Banalität bricht plötzlich der
schöpferische Akt: »Man lebt vor sich hin sein Leben, das
Leben der Banalitäten und Ermüdbarkeiten, in einem Land
reich an kühlen und schattenvollen Stunden, chronologisch
in einer Denkepoche, die ihr flaches mythenentleertes Mi-
lieu induktiv peripheriert, in einem Beruf kapitalistisch-
opportunistischen Kalibers, man lebt zwischen Antennen,
Chloriden, Dieselmotoren, man lebt in Berlin« (8,1878). In
dieser mythenleeren, kapitalistischen, auf Opportunismus
eingestellten Welt der Banalität eröffnen sich plötzlich
»typologische Schichten« (ebd.) des Bewusstseins. Blitz-
haft tauchen Worte auf, die poetische Schöpfung beginnt:
»Worte, Worte – Substantive. Sie brauchen nur die Schwingen zu öffnen und Jahrtausende entfallen ihrem Flug. [...]
Regressionstendenzen, Zerlösung des Ich! Regressionstendenzen mit Hilfe des Worts, heuristische Schwächezustän-
de durch Substantive – das ist der Grundvorgang, der alles
interpretiert: Jedes ES das ist der Untergang, die Verweh-
barkeit das ICH; jedes DU ist der Untergang, die Ver-
mischlichkeit der Formen. [...] Schwer erklärbare Macht
des Wortes, das löst und fügt. Fremdartige Macht der Stunde, aus der Gebilde drängen unter der formfordernden Gewalt des Nichts. Transzendente Realität der Strophe voll
von Untergang und voll von Wiederkehr: die Hinfälligkeit
des Individuellen und das kosmologische Sein, in ihr ver-
klärt sich die Antithese, sie trägt die Meere und die Höhe
der Nacht und macht die Schöpfung zum stygischen
Traum: ›Niemals und immer‹« (8,1879f.).
Was Benn hier in diesen schwer verstehbaren, bildhaften
Worten beschreibt, ist der Schaffensakt seiner Lyrik wie

auch seiner Prosa. Voraussetzung der dichterischen Schöpfung ist die ›Verlöschung‹ des Ich, so dass sich Tiefenschichten der Seele öffnen, der Dichter seine Individualität in einem Prozess der Regression verliert und so für die Macht des Wortes offen ist, die ihn dazu drängt, ein Gebilde zu schaffen, das in seiner Geformtheit sich als Schöpfung dem Nichts entgegenzusetzen vermag. Dichtung schafft in einer mythenleeren Zeit die abhanden gekommene Transzendenz neu, setzt eine ›transzendente Realität‹ dem Nichts entgegen. Kunst wird damit zur »letzten metaphysischen Tätigkeit innerhalb des europäischen Nihilismus«, wie Benn aus Nietzsches *Willen zur Macht* zitiert (8,1920).

An anderer Stelle beschreibt Benn den schöpferischen, dichterischen Akt wie folgt:

»Kortex = Hirn: das kortikale Verblühen der Welten, der bürgerlichen Welten, der kapitalistischen Welten, der opportunistischen, prophylaktischen, antiseptischen Welten, erschlagen von den Wolkenbrüchen des Politischen und der Umschichtung der Macht, im Grunde aber aus der substantiellen Krise des abendländischen Seins heraus entstanden. Zerfetzt der innere Mensch, zerfetzt als je der äußere von Würmern und Granaten: faulig, sauer, vergast, im Gepäcknetz noch einige oxydierte Stichworte. Die Götter tot, die Kreuz- und die Weingötter, mehr als tot: schlechtes Stilprinzip, wenn man religiös wird, erweicht der Ausdruck. Was aber gehalten und erkämpft werden muß, das ist: der Ausdruck, denn ein neuer Mensch schiebt sich herein, nicht mehr der Mensch als affektives Wesen, als Religiosität, Humanität, kosmische Paraphrase, sondern der Mensch als nackte formale Trächtigkeit. Eine neue Welt hebt an, es ist die Ausdruckswelt. Das ist eine Welt klar verzahnter Beziehungen des Ineinandergreifens von abgeschliffenen Außenkräften, gestählter und gestillter Oberflächen« (8,1908). Die Ausdruckswelt behält ihre religiös konnotierte Bedeutung dadurch, dass sie eine »anthropologische *Erlösung* [Her-

Gottfried Benn in Brüssel, 1916

vorhebung vom Verf.] im Formalen«, eine »*Reinigung des Irdischen* im Begriff« bedeutet (8,1910). An die Stelle einer ›göttlichen Transzendenz‹ setzt sich die poetische Realität.

Eine wesentliche ›Bildungsmacht‹ sieht Benn für sich in seinem naturwissenschaftlichen Studium, der Medizin und Biologie. Seine Studienzeit fiel genau in die Jahre, wo »noch einmal [...] die ganze Summe der induktiven Epoche, ihre Methoden, Gesinnungen, ihr Jargon« sich sammelten. Sie lehrten »Kälte des Denkens, Nüchternheit, letzte Schärfe des Begriffs, Bereithalten von Belegen für jedes Urteil, unerbittliche Kritik, Selbstkritik, mit einem Wort die schöpferische Seite des Objektiven« (8,1894).

Für Benn bekommt das Wort oder der Begriff »Wallungswert, eben Rauschwert, durch die die Zusammenhangsdurchstoßung, das heißt die Wirklichkeitszertrümmerung, vollzogen werden kann, um Freiheit zu schaffen für das Gedicht« (8,1912).

Benn erlöst die Kunst von moralischen oder politischen Verpflichtungen. Der Künstler bzw. Kunstträger ist »statistisch asozial, weiß kaum etwas von vor ihm und nach ihm, lebt nur seinem inneren Material, für das sammelt er Eindrücke in sich hinein, das heißt zieht sie nach innen, so tief nach innen, bis es sein Material berührt, unruhig macht, zu Entladungen treibt. Er ist ganz uninteressiert an Verbreiterung, Flächenwirkung, Aufnahmesteigerung, an Kultur« (8,1917). An der Kunst interessieren nicht mehr das »moralische Problem des Helden« und nicht mehr das von ihm am Ende verkündete »Ideal«, sondern »die Maßnahmen des Künstlers selbst, sich auszudrücken, also sein Konstruktives, seine Genialität in den Mitteln des Mitreißens, der Spannung, der Ich-Auflösung, seine bewußte Anwendung von Prinzipien des Baus und des Ausdrucks, die Bewußtmachung alles dessen, was nach Akt aussieht, schöpferischem Akt und dessen Steigerung« (8,1920).

Benn und der Nationalsozialismus

Benn charakterisiert seine Existenzform in einer frühen autobiographischen Schrift, dem *Lebensweg eines Intellektualisten*, wie auch in seiner späteren Publikation aus dem
Jahre 1950, der er dann den Titel *Doppelleben* gibt. Anders
als zum Beispiel in *Dichtung und Wahrheit* von Goethe be-
absichtigt er mit dieser Schrift nicht etwa, die Entwick-
lungsgeschichte seiner Persönlichkeit in Form einer Objek-
tivation seines Selbst zu schildern, sondern *Doppelleben* ist
eine Verteidigungs- und Rechtfertigungsschrift der von
Benn bewusst gewählten ›gedoppelten‹ Existenzform. *Doppelleben* zeichnet in einzelnen, lose aneinandergefügten Ka-
piteln, angereichert mit einer Fülle von Zitaten aus dem eigenen Werk, Briefwechsel usw., einen Lebensweg nach, der
von Anfang an, aber im Laufe der Zeit immer schärfer auf
eine klare Abgrenzung von Kunst und Leben hin entwor-
fen und durchlebt wurde.
Allerdings nähert sich Benn für einige Monate einmal von
seiner künstlerischen Position aus dem Leben, hier dem politischen Leben des Nationalsozialismus, eine Entschei-
dung, die er nachträglich zu verstehen und ins rechte Licht
zu rücken versuchte, denn Benn blieb nach der Machtergreifung Hitlers zunächst Mitglied in der Preußischen Akademie, obwohl viele seiner Freunde oder Bekannten aus
dieser Institution ausgeschlossen wurden oder freiwillig
ausgetreten waren, weil die Akademie zusehends unter den
Einfluss der Nationalsozialisten geriet und für die Partei-
politik und die nationalsozialistische Ideologie und deren
Kunst- und Literaturkonzept funktionalisiert wurde. In einer Rundfunkrede vom 24. April 1933 (*Der neue Staat und
die Intellektuellen*) bekannte sich Benn unverhohlen zu den
neuen Machthabern; in einer nur einen Monat später gehal-
tenen weiteren Rede (*Antwort an die literarischen Emigranten*) verurteilte er sogar den Entschluss der Emigranten, Deutschland den Rücken zu kehren. Allerdings sollte

Benn noch im selben Jahr in Bedrängnis geraten, als Börries von Münchhausen ihn unter die »Deserteure, Zuchthäusler und Verbrecher« rechnete und ihn wie andere Vertreter des Expressionismus einen »reinblütigen Juden« nannte.

Benns Haltung für eine kurze Zeit lässt sich nur verstehen, wenn man sie im Zusammenhang mit Benns Beurteilung seiner Zeit sieht: »Von vorgerückter Zivilisation kann man im zwanzigsten Jahrhundert wohl reden; daher sind es überall harte, komplizierte, vielfach ventilierte, hochgetriebene, eben intellektualistische Probleme, die einem entgegentreten. Es sind psycho-physisch verknotete, komplexe Probleme, und es müssen hochgezüchtete Gehirne sein, die sie bearbeiten. Die Botaniker beleuchten unsere Lage mit einer sehr merkwürdigen Feststellung ganz neu: gezüchtete Pflanzen sind härter, vitaler, widerstandsfähiger gegen Schäden, kurz erbfähiger als natürliche; Züchtung, Zwischenschichtung des Bewußtseins, Einschaltung des Geistes in den Naturprozeß festigt also die Erbmasse, stärkt die Art, schafft Biopositives, keine Rede von Abstieg, Verweichlichung, Degeneration, allen diesen moralischen Vorstellungen, die der Bürger mit dem Wort Züchtung verbindet, sondern im Gegenteil Unterbrechung von Degeneration, Weiterführung von sonst dem Untergang Geweihtem. Dies ist offenbar der Ausdruck eines allgemeinen Gesetzes, das sich nähert, und dieses Zeitalter, das Blut und Boden sagt, wird ein Zeitalter der Züchtung, der Form und des gesteigerten Geistes werden, ein intellektualistisches, das heißt, ein spezifisch europäisches, wahrscheinlich ein anthropologisch bedeutendes unter Gesetzen des Bewußten« (8,1924 f.).

Es dürfte deutlich sein, wie sehr Benn hier seine Ideen und seine Sprache dem nationalsozialistischen Gedankengut und der entsprechenden Terminologie annähert und wie er aus dieser Zeitanalyse den Stellenwert des Künstlers und der Kunst ableiten kann. Er setzt auf eine »neue Ritualität«; er glaubt in der Bewegung der Zeit zu erkennen, dass man versucht, »die Kunst aus dem Ästhetischen zum Anthropologischen zu überführen. [...] In den Mittelpunkt des Kultischen und der Riten [rückt man] das anthropologische Prinzip des Formalen« (8,1932). Benn setzt dabei vor allem auf die Jugend. In der ursprünglichen Fassung der Abhandlung von *Kunst und Macht* hatte es unmissverständlich geheißen: »Die weiße Rasse, das ist Deutschland, Jugend, vergiß es nie, ihre letzte Züchtung, ihr letzter Glanz bist du« (8,2238). Benn fährt fort: »Die neue Jugend gehört der Macht [ursprünglich noch ergänzt durch: ›der Sicherung der Rasse‹ (ebd.)] – möge sie in ihre Bestimmung gehen. Möge der Strom der Rasse sie durch ihre Jahre tragen, durch ihre Häuser, ihre Äcker, ihre Thingplätze, ihre Gräber, bis die eine Gestalt kommt, die zu den alten unauslöschlichen deutschen Gestalten hinzutritt und die das Neue sein wird, das heute erst in uns dämmert und erst verwirrt aus unseren inneren Forderungen spricht. In deren Werk wird von Angesicht zu Angesicht davon sein, was wir heute nur in einem dunklen Wort erblicken, in dem Nietzsche-Wort von der Rechtfertigung der Welt allein als ästhetisches Phänomen« (8,1930). Benn setzt miteinander gleich »zwei Prinzipien, die die Gewalt des Züchtungsgedankens zu ertragen scheinen, es sind die Kunst und die Macht oder der Krieger und die Statue oder das Schlachtfeld und die Herme« (7,1856).

Benn hält demnach seit 1930 eine Überwindung des Nihilismus durch den konstruktiven Geist für möglich, ist also der Realität gegenüber durchaus engagiert und an Wirkung interessiert, und darin liegt zugleich seine Gefahr. »Denn offenbar sieht Benn – und das scheint es zu sein, was ihn an dem neuen Regime so beeindruckt – im totalitären Machtwillen und den ideologischen Verheißungen des faschistischen Staates, der die Massen organisiert, sie in der neuen Idee der Volksgemeinschaft zu einer angeblich substantiellen Einheit zusammenschmiedet und der zerrissenen Nation so ihre Erlösung aus der Zerrissenheit verspricht, den

selben konstruktiven Geist praktisch am Werk, den er bloß
theoretisch konzipiert hat. Dessen latent politisches Moment offenbart sich Benn in den realen Ereignissen des Jahres 1933, und so erliegt er der Verführung, sich zum ›Neuen
Staat‹ zu bekennen, in dessen Vertretern er sogar ›artistisch
produktive Typen‹ (3,812) zu entdecken glaubt.«[2]

Silvio Vietta verbindet Benns Ansichten mit bestimmten
Auffassungen Nietzsches, dem Benn anfänglich nahe stand.
»Indem nämlich schon Nietzsche das Leben gegen den Intellekt ausspielte, das Dionysische gegen das Apollinische,
das Irrationale gegen das Rationale, konnte [Benn] vor dieser Folie eine Bewegung attraktiv erscheinen, die ebenfalls
den Intellekt ›zersetzend‹ nannte, gleichzeitig aber den
Staat total und in einem bis dahin nie bekannten Maße
durchorganisierte, durchrationalisierte.«[3]

Für Benn setzt aber sehr bald eine Ernüchterung ein, und
er sieht, dass der Nationalsozialismus und sein künstleri-
sches Konzept nichts miteinander gemein haben. An seinen
Freund Oelze schreibt er: »Es gibt keine Worte mehr für
diese Tragödie. Ein deutscher Traum – wieder einmal zu
Ende –« (24. 7. 1934).[4]

Einige Monate später heißt es in einem anderen Brief an Oelze: »Möglich, daß ich hier alles hinter mir lasse: Wohnung,
Praxis, Berlin, und in die Reichswehr zurückkehre, man hat
mir da eine ganz günstige Offerte gemacht. Dann hätte ich
wirtschaftlich etwas Ruhe und müßte alle Verbindungen lösen, die ich hier habe, vor allem Akademie etc. – und gerade
das ist es, was ich möchte. Raus, aus allem! Ein schwerer
Entschluß, Berlin zu verlassen, aber vielleicht tue ich es.«[5]

Benn wählt die Armee als die »aristokratische Form der
Emigration« (8,1960). Er setzt sich von den Rassentheore-

2 Harald Steinhagen, »Die Kunst als eigentliche Aufgabe des Lebens«, S. 84.
3 Silvio Vietta, »Gottfried Benns Subjektkritik und sein politischer Fehlschritt«, S. 235 f.
4 zit. nach: Gottfried Benn, *Ausgewählte Briefe*, S. 46.
5 ebd., S. 47.

men ab, denn »als sie [sie] praktizierten, schauerten einem die Knochen« (8,1937).

Benn musste erleben, dass er nun seinerseits von den Nationalsozialisten und den ihnen nahe Stehenden ausgegrenzt und diffamiert wurde. So untersagte man ihm, eine Gedächtnisrede zum Tod von Stefan George zu halten. Er selbst wurde anlässlich seines Gedichtbandes, der zu seinem 50. Geburtstag erschien, als »Ferkel«, »widernatürliches Schwein«, »warmer Bruder«, »Judenjunge« tituliert und seine Werke als »dreckige Schmierereien« bezeichnet (s. Brief an Wasmuth, 18. 10. 1936).[6]

In *Doppelleben* betont Benn, dass er nunmehr erneut ein Doppelleben führte: »Ich lebte von meiner ärztlichen Praxis und hatte mit politischen Dingen nichts zu tun« (8,1936). Er lebt im Verborgenen, tarnt sich: »Im übrigen ist meine Dienststellung sehr schwer zu ertragen: zwischen lauter subalternen, erlebnislosen, strammen, kahlen Sachbearbeitern eine isolierte schweigsame Existenz. Ich führe sie durch, um diese Kombination von äußerster innerer Entartung und äußerster äußerer Solidität darzustellen u. in ihrer Möglichkeit zu erweisen. (Natürlich auch, weil mir gar nichts anderes übrigbleibt)« (Brief an Oelze, 3. 11. 1940).[7]

Im Nachhinein bekennt Benn, er habe das nationalsozialistische »Parteiprogramm nie bis zu Ende studiert«, er »war auf keiner der NS-Versammlungen gewesen, hatte weder vor noch nach 1933 eine NS-Zeitung oder -Zeitschrift abonniert« (8,1936 f.). Er entschuldigt sein Verhalten damit, an »eine echte Erneuerung des deutschen Volkes [geglaubt zu haben], die einen Ausweg aus Rationalismus, Funktionalismus, zivilisatorischer Erstarrung finden würde, die Europa dienen, dessen Bildung, seine kritischen Maßstäbe einschließen, Religionen und Rassen das lassen und sich zu Nutzen übernehmen würde, was das Beste an ihnen war«

6 ebd., S. 64.
7 ebd., S. 74.

(8,1944). Als ihm Klaus Mann aus der Emigration in einem Brief vorwirft, er habe sich einem »immer grimmigeren Irrationalismus« hingegeben (8,1942), antwortet ihm Benn: »Ich gehöre nicht zu der Partei, habe auch keine Beziehung zu ihren Führern, ich rechne nicht mit neuen Freunden« (8,1945). Er habe nicht das NS-Regime rechtfertigen wollen, sondern er sei »für das Recht eines Volkes [eingetreten], sich eine neue Lebensform zu geben, auch wenn diese Form anderen nicht zusagt« (8,1946).

Benn und die deutschsprachige Lyrik nach 1945

In mehrfacher Hinsicht hat Benn auf die deutschsprachige Lyrik nach 1945 einen eminenten Einfluss ausgeübt. Zum einen gehörte er zu den Lyrikern, die auch nach 1945 ihre Stimme erhoben und damit eine gewisse Kontinuität der Lyrik über die Jahre 1933 bis 1945 verbürgten. Benn hatte zwar nach der Machtergreifung und seinem kurzen Intermezzo, in dem er sich nicht entschieden gegen die Nationalsozialisten aussprach, geschwiegen; aber nach dem Krieg sollte sich herausstellen, dass seine lyrische Produktion nicht ins Stocken geraten war. Er hatte für sich weitergeschrieben, wenn auch seine Texte nicht veröffentlicht wurden, und nun konnte er mit den im Verborgenen entstandenen Gedichten aufwarten. Es sollte vor allem die Sammlung, welche unter dem Titel *Statische Gedichte* erschien, sein, die traditionsbildend wurde, weil sie eine ästhetische Formensprache sprach, die verbürgte, dass auch das deutschsprachige Gedicht den Anschluss an die moderne Lyrik nicht verlor. In Benns Werk vollzog sich demnach ein Brückenschlag »zwischen dem zeitgenössischen und dem symbolistischen Gedicht, da Benn die Doktrin des absoluten Gedichtes, wie es Baudelaire und Mallarmé gefordert hatten, zur Grundlage seiner Kunstanschauung machte: das Gedicht als in sich geschlossene, eigengesetzliche Wirklichkeit, die der veränderlichen, unsteten geschichtlichen Welt gegenübertritt. ›Ausdruckswelt‹, ›Artistik‹ und ›Statik‹ wurden die Signale für eine von konstruktiver Ordnung bestimmte Kunstwelt des Gedichtes, die Benn in seinen späten Gedichten konkret vertrat und zugleich in seinem berühmt gewordenen Vortrag *Probleme der Lyrik* (1951) (s. u., S. 76 ff.) zum poetologischen Glaubensbekenntnis einer ganzen Generation von jungen Autoren werden ließ, die sich weder mit der Lyrik des christlichen Klassizismus noch der Naturbeschwörung zufrieden geben wollten.«[8] Für diese Generation von jungen Lyrikern wurden nicht die Naturgedichte eines Wilhelm Lehmann oder Oskar Loerke zum Modell, auch nicht die christliche Lyrik einer Marie Luise Kaschnitz, eines Rudolf Hagelstange oder eines Klassizisten wie Rudolf Alexander Schröder. Sie waren alle fasziniert von der Bennschen Lyrik, die Elemente des Expressionismus in sich aufnahm, sie imitierten die Sprachtechnik Benns, der Fremdwörter in seine Lyrik einband, fremdartige, gewagte, weil so noch nicht verwirklichte Reime suchte. Sie imitierten die ihm eigentümliche Einbindung umgangssprachlicher Elemente in die lyrische Sprache, folgten ihm in den verrätselt mythischen Anspielungen und schwelgten in dem, was Benn den »südlichen Komplex« nannte. Zugleich lieferte ihnen Benn nicht nur für den Sprachduktus und das Formbewusstsein ihrer Gedichte das unverkennbare Vorbild, sondern auch seine Lebensdeutung, wie er sie in *Doppelleben* artikulierte, sollte ›Schule machen‹, indem hier ein bestimmter Habitus und ein poetisches und poetologisches Selbstverständnis vorgegeben wurden, das es scheinbar erlaubte, sich aus der geschichtlichen Welt zurückzuziehen und die Dichtung von jeder Form der politischen Verfangenheit und Prostitution, wie man sie gerade im Dritten Reich erlebt hatte, fernzuhalten.

8 Manfred Durzak, »Zwei deutsche Literaturen nach 1945«, in: *Propyläen Geschichte der Literatur*, Bd. 6: *Die moderne Welt. 1914 – heute*, Berlin 1988, S. 309.

III. Interpretationen

1. Lyrik

Aus der Sammlung *Morgue* (1912)

»Am meisten interessieren die Verse eines jungen Arztes, Gottfried Benns *Morgue*. Schon äußerlich durch die Stoffwahl, die nun freilich gründlich mit dem lyrischen Ideal der Blaublümeleinritter aufräumt. Eine Blinddarmoperation als Gegenstand dichterischer Emotion hat immerhin den Anspruch der Neuheit für sich. Aber nur der Philister wird etwas Existierendes, etwas, das in unser Leben eingreift, von dem Erschütterungen ausgehen, prinzipiell aus dem Bereich der Kunst ausschließen. Entscheidend ist einzig die Leben weckende Kraft des Dichters. Und durch sie sind Gottfried Benns Verse gerechtfertigt. Mit einer unheimlichen Schärfe und Sachlichkeit läßt Benn den Vorgang aufleben, erst mit ein paar Meisterstrichen die Situation andeutend, dann in Rede und Gegenrede überspringend, ohne alles Sentiment, fast brutal, als handle es sich um nichts als einen nackten ärztlichen Operationsbericht, aber in jeder Zeile, in der Gedrängtheit der Folge, der Verteilung der Kräfte, der Macht der Vergegenständlichung den Künstler verratend. [...] Überall herrscht jene unbeteiligte Sachlichkeit, die nur Tatsächlichkeiten aufzureihen scheint und doch, auch ohne die zuweilen ins Allgemeine überleitenden Schlußzeilen, schon durch die gleichsam lautlos mitschwingende Musik der inneren Erschütterung verrät, daß hinter dieser schroffen Zugeschlossenheit ein starkes mitleidendes Gefühl steht, eine fast weibliche Empfindsamkeit und eine verzweifelte Auflehnung gegen die Tragik des Lebens und die ungeheure Gefühllosigkeit der Natur.«[9]

9 zit. nach: Ernst Stadler, *Dichtungen. Gedichte und Übertragungen mit einer Auswahl der kleinen kritischen Schriften und Briefe,* hrsg. von Karl Ludwig Schneider, Bd. 2, Hamburg 1954, S. 21f.

Mit treffenden Worten rezensierte der expressionistische Lyriker Ernst Stadler die erste kleine Gedichtsammlung, mit der Benn an die Öffentlichkeit trat. Es waren einige wenige Gedichte (*Kleine Aster, Schöne Jugend, Kreislauf, Negerbraut, Requiem, Saal der kreißenden Frauen, Blinddarm, Mann und Frau gehen durch die Krebsbaracke, Nachtcafé, D-Zug*), zusammengestellt als *21. Lyrisches Flugblatt* 1912 bei Alfred Richard Meyer. Benn gab dieser Sammlung den Titel *Morgue und andere Gedichte*.

Über die Entstehung der Gedichte schrieb Benn später im *Lebensweg eines Intellektualisten*:

»Als ich die *Morgue* schrieb, mit der ich begann und die später in so viele Sprachen übersetzt wurde, war es abends, ich wohnte im Nordwesten von Berlin und hatte im Moabiter Krankenhaus einen Sektionskurs gehabt. Es war ein Zyklus von sechs Gedichten, die alle in der gleichen Stunde aufstiegen, sich heraufwarfen, da waren, vorher war nichts von ihnen da; als der Dämmerzustand endete, war ich leer, hungernd, taumelnd und stieg schwierig hervor aus dem großen Verfall« (8,1911).

Noch bevor Benn diese Gedichte veröffentlichte, soll er sie im Kellerkabarett »Schall und Rauch« vorgetragen haben und dafür beim Publikum durchaus mit Applaus bedacht worden sein.[10] Während die Gedichte also im Kreis des Kabaretts auf einen durchaus wohlgefälligen, ihren Zynismus womöglich goutierenden Zuhörerkreis stießen – darin der im Neopathetischen Club vorgetragenen provokativen Lyrik eines Jakob van Hoddis vergleichbar –, war die Reaktion auf die Publikation der Gedichte als »lyrisches Flugblatt« so heftig, dass durchaus von einem ›Schock‹ gesprochen werden kann, der die literarische Szene traf. Benns Verleger Alfred Richard Meyer berichtete: »Wohl nie in Deutschland hat die Presse in so expressiver, explodieren-

---

10 Siehe Walter Lennig, *Gottfried Benn in Selbstzeugnissen und Bilddokumenten*, S. 30.

der Weise auf Lyrik reagiert wie damals bei Benn.«[11] Die Auflage von 500 Exemplaren, für die Benn ein Honorar von 40 Mark erhalten hatte, war binnen acht Tagen verkauft und wurde 1916 ein Opfer der Kriegszensur, indem man sie, obwohl sie nicht mehr erhältlich war, nachträglich ›beschlagnahmte‹. Erst 1923 brachte der bibliophile Buchhändler F. C. Adler in seinem Münchener Verlag »Der Bücherwinkel« einen Nachdruck in 300 Exemplaren heraus.[12]

Das *Lyrische Flugblatt* mit seinen Gedichten sollte Benn zunächst den Ruf eines »brüchigen Roués« und eines »infernalischen Snobs und des typischen [...] Kaffeehausliteraten« (8,1895) einbringen. Die Gedichte galten als ekelerregend und widerwärtig. Sie brachen völlig mit dem, was bislang als ›Lyrik‹ oder ›lyrisch‹ galt. Sie provozierten aufs stärkste eine Kunstvorstellung, nach der die Kunst im wesentlichen rein dekorativen, unterhaltenden oder erbauenden Charakter haben sollte. Sie brachen radikal mit dem, was Stadler in seiner Rezension treffend das »Ideal der Blaublümeleinritter« nannte. Zwar wahrte Benn noch immer das bis dahin konstitutive Merkmal für die Lyrik, den Vers, als grundlegendes formales Element und wies damit die Texte der *Morgue*-Sammlung auf jeden Fall den Gedichten bzw. der Lyrik zu, aber er wählte für diese Texte ein mit der konventionellen Poesie nicht mehr verbindbares Sujet. Schon der Titel der Sammlung verwies auf den Hauptschauplatz: die Leichenhalle (frz. *morgue*), den Kreißsaal, die Krebsbaracke, den Sektionssaal, kurz auf jene Orte der letzten Bestimmung des Menschen, der, wie es in der bekanntesten Zeile des Zyklus heißt, eben nicht mehr die ›Krone der Schöpfung‹ ist, sondern dem Tod und der Verwesung anheimfällt. In seinem Vorwort zu der Ausgabe »Frühe Lyrik und Dramen« schreibt Benn noch 1952: »Laßt doch euer

11 zit. nach: ebd., S. 33.
12 nach: Gerhard Sauder, Gottfried Benn, *Morgue und andere Gedichte*, S. 62.

ewiges ideologisches Geschwätz, euer Gebarme um etwas ›Höheres‹, der Mensch ist kein höheres Wesen« (7,1866). Die Gedichte zeigen »das Schwein, [den] Mensch[en]« (1,12), in seiner ganzen kreatürlichen Erbärmlichkeit und seinem Ausgeliefertsein an den unaufhaltsamen physischen Zerfall. Sie zeigen ihn im doppelten Sinn am Ort seiner Prädestination, in der Leichenhalle, wo er für die Introspektion ausgestellt ist. Eine Doppeldeutigkeit kommt dem Titel zu, denn im Französischen meint *morgue* auch den Hochmut, den Stolz. Genau diese Haltungen des Menschen werden aber in den Gedichten systematisch unterlaufen, der Mensch jeden Stolzes beraubt.

Aber das Neue des Gedichtzyklus liegt vielleicht gar nicht so sehr in der Sujetwahl als vielmehr in der Art des sprachlichen Arrangements, mit dem Benn sein Sujet gestaltet. Er verlieh diesen Gedichten einen unverwechselbaren Ton und hob sie aus dem Konzert der Stimmen hervor, die später die Symphonie der *Menschheitsdämmerung*, die bekannteste, von Kurt Pinthus herausgegebene Anthologie expressionistischer Lyrik orchestrieren sollten. Religiöses Sprechen, die Verwendung von Sprach- und Bildklischees, die systematische Aussparung des Gefühls und der dominierende kalt-zynische, medi-zynische Jargon und Vulgärsprachliches bilden ein eigenartiges, unverwechselbares Sprachgemisch.

Wie diese Gedichte auf sie wirkten berichtet Else Lasker-Schüler, die für eine kurze Zeit mit Benn befreundet war, in einem kleinen Benn-Porträt:

»Er steigt hinunter ins Gewölbe seines Krankenhauses und schneidet die Toten auf. Ein Nimmersatt, sich zu bereichern an Geheimnis. Er sagt: ›Tot ist tot‹. Dennoch fromm im Nichtglauben liebt er die Häuser der Gebete, träumende Altäre, Augen, die von fern kommen. Er ist ein evangelischer Heide, ein Christ mit dem Götzenhaupt, mit der Habichtsnase und dem Leopardenherzen. Sein Herz ist fellgefleckt und gestreckt. Er liebt Fell und er liebt Met und die großen Böcke, die am Waldfeuer gebraten wurden. Ich sagte einmal zu ihm, Sie sind allerleiherb, lauter Fels, rauhe Ebene, auch Waldfrieden, Bucheneckern und Strauch und Rotrotdorn und Kastanien im Schatten und Goldlaub, braune Blätter und Rohr. Oder Sie sind Erde mit Wurzeln und Jagd und Höhenrauch und Löwenzahn und Brennesseln und Donner. Er steht unentwegt, wankt nie, trägt das Dach einer Welt auf dem Rücken. Wenn ich mich vertanzt habe, weiß ich nicht, wo ich hin soll, dann wollte ich, ich wäre ein grauer Samtmaulwurf und würfe seine Achselhöhle auf und vergrübe mich in ihr. [...] Lang bevor ich ihn kannte, war ich seine Leserin; sein Gedichtbuch – Morgue – lag auf meiner Decke: Grauenvolle Kunstwunder, Todesträumerei, die Kontur annahm. Leiden reißen ihre Rachen auf und verstummen, Kirchhöfe wandeln in die Krankensäle und pflanzen sich vor die Betten der Schmerzensreichen an. Die kindtragenden Frauen hört man schreien aus den Kreißsälen bis ans Ende der Welt. Jeder seiner Verse ein Leopardenbiß, ein Wildtiersprung. Der Knochen ist sein Griffel, mit dem er das Wort auferweckt.«[13]

Kleine Aster (1912)[14]. Schon der Titel führt bewusst in die Irre, so dass die erste Zeile des Gedichts selbst bis aufs Äußerste verstören muss, denn der in Lyrik geübte und bewanderte Leser erwartet mit dem Titel eines jener der Tradition verhafteten Blumengedichte, wie sie die biedermeierlichen Lyrikanthologien und die Poesiealben schmückten. Die erste Zeile des Gedichts widersetzt sich ganz der erwarteten ›Blaublümelein‹-Dichtung, die schon Stadler als Kontrastfolie zitierte, auf der die Bennschen Gedichte gelesen werden müssen.

»Ein ersoffener Bierfahrer wurde auf den Tisch gestemmt« –

---

13 Else Lasker-Schüler, *Gesammelte Werke in 3 Bänden*, hrsg. von Friedrich Kemp, Bd. 2, München 1962, S. 227.
14 Bei den Gedichten wird das Datum der Entstehung bzw. Erstveröffentlichung angegeben.

so lautet die erste Zeile. Nicht ein besonderer Bierfahrer, sondern (irgend)›ein‹ Bierfahrer wird – wie ein Gegenstand – auf den Tisch gestemmt. Dass er gestemmt werden muss, deutet zum einen auf sein übermäßiges Gewicht hin, zumal der zeitgenössische Leser den Bierfahrer auf der Kutsche, mit der das Bier transportiert bzw. angeliefert wurde, als einen kräftigen, äußerst korpulenten Menschen vor Augen hat. Zum andern weckt die Vokabel ›ersoffen‹ beim Leser die Assoziation, dass der ›ersoffene‹ Bierfahrer durch das Ertrinken noch bis zur Unkenntlichkeit aufgeschwemmt ist. Das Wort ›ersoffen‹ vereinigt als Wortkontamination in sich zugleich das vulgärsprachliche ›besoffen‹ (und setzt in Bezug auf den Bierkutscher bzw. -fahrer die entsprechenden Vorstellungen frei) und das Wort ›ertrunken‹, so dass sich die krasse Vorstellung einer aufgeschwemmten ›Bier‹leiche beim Leser unweigerlich einstellen muss.

Ein zweiter Satz, der sich über zwei Zeilen ausdehnt, schließt sich an. Auch er beginnt mit dem den Täter in der Anonymität belassenden Pronomen ›irgendeiner‹. Irgendeiner hatte dem Bierfahrer eine ›dunkelhellila Aster‹ zwischen die Zähne geklemmt, womit sich mit einem ersten Reim (›gestemmt‹/›geklemmt‹) die im epischen Präteritum erzählte Szene rundet. Mit der zweiten Zeile findet die Anknüpfung an den Gedichttitel statt, allerdings findet sich die Aster an einem für sie völlig untypischen Ort, denn irgendjemand hat sie zwischen die Zähne geklemmt. Das ›Klemmen‹ lässt auf einen gewaltsamen Akt schließen. Wegen der Leichenstarre bedurfte es eines gewaltsamen Eindringens zwischen die Zähne, um die Aster dort zu platzieren. Durch den folgenden Zeilenkomplex (4–12) klärt sich die Situation dahingehend auf, dass es sich um die Sektion einer Leiche handelt. Die einzelnen Zeilen sind in einer solchen Sukzession gebaut, dass sie in ihrer Abfolge die Schnittabfolge des Seziermessers mit dem Innehalten des Schnitts am jeweiligen Zeilenende beschreiben: »Als ich von der Brust aus / mit einem langen Messer / Zunge und

Gaumen herausschnitt.« Pointiert wird die gleitende Bewegung der Blume aus dem Leichnam in das nebenliegende, also schon entfernte Gehirn durch den zweiten Reim, der so die gleitende Bewegung imitiert (herausschnitt/glitt).

Auch im dritten Teil des wie ein Bericht wirkenden Gedichtteils spielt die ›Aster‹ die Hauptrolle. Sie wird samt der Holzwolle in die Brusthöhle des obduzierten Leichnams ›gepackt‹, »als man zunähte«. Mit der drittletzten Zeile ändert sich der Sprechton. Das distanzierte, teilweise saloppe, zum Selbstschutz nüchterne, jargonhafte Reden macht einer scheinbar emotionaleren Sprache Platz:

>   Trinke dich satt in deiner Vase!

Die Emotionalität des Sprechens gehört also nicht – wie man hätte erwarten können – dem Toten, sondern sie gilt der Aster. An sie wenden sich auch die letzten beiden Verse, die provokativ die bei Beerdigungen geläufige Formulierung ›Requiescat in pace‹ aufgreifen und im wahrsten Sinne des Wortes ›pervertieren‹. Der dem Toten nicht gezollte Respekt wird einer kleinen unscheinbaren Blume entgegengebracht. Der Corpus des Toten dient als Vase, in der sich die Blume satt trinken soll.

Die Sprachmischung in dem Gedicht ist wohl das eigentlich Provokative; dort die objektive, teilweise sarkastische Umgangssprache des Mediziners, die den Sektionsvorgang präzise festhält, hier die religiösen Sprachformeln. Indem beides widersinnig verwandt wird, hält die chaotisch verwirrte Sprache etwas von dem Chaos der Wirklichkeit fest, und der zerstückelte Mensch entspricht den isolierten Sprachelementen. Die Depersonalisierung des Menschen, bedingt dadurch, dass der Mensch in seiner Totalität aufgelöst und in Einzelteile segmentiert ist, wiederholt sich in der formelhaft erstarrten, verbrauchten, leeren und morschen Sprachform, die aber, so synthetisiert, plötzlich neue Reize gewinnt.[15]

15 Siehe auch Steffen Ewig, Artikel »Morgue und andere Gedichte«, in: Kindlers Literatur Lexikon, Bd. 15, München 1974, S. 6450.

Das erwartete Schöne reduziert sich auf ein Stillleben aus menschlichem Hohlraum und Blume. »Zwischen ›Aster‹ und ›Körper‹ besteht eine Analogie: Aus dem menschlichen Körper ist das Leben entwichen, die abgebrochene Aster ist auch in ihrer ›Vase‹ nicht mehr lebensfähig. Blume und Körper verfallen der Verwesung und sind Elemente im Kreislauf des Lebens. Das sterbende pflanzliche Leben, dem der sezierte Körper als Grab dient, zieht zuletzt alle Energie des Gedichts auf sich, als räume sein noch nicht so weit fortgeschrittener Zustand des Vergehens den Vorzug des noch Schönen ein. Der von dem medizinischen Rollen-Ich erweckte Eindruck, es walte hier nur die Kühle der sezierenden Hand und des Blicks, ist vordergründig. Die parodistisch eingesetzte Schlußformel verrät die geheime Verletzung der menschlichen Sensibilität durch die Leichenöffnung und die Flucht zu einem letzten ästhetischen Objekt, das allerdings vom selben Lebensgesetz ereilt wird wie der tote Körper.«[16]

Schöne Jugend (1912).   Wie bei der *Kleinen Aster* verleitet der Titel des Gedichtes *Schöne Jugend* zu Erwartungen, wie sie das Gedicht nicht einlöst. Denkbar wäre, dass man sich unter der Überschrift einen Text denkt, der wie folgt lauten könnte:

> Schön ist die Jugend bei frohen Zeiten,
> schön ist die Jugend, sie kommt nicht mehr.
> Bald wirst du müde durchs Leben schreiten,
> um dich wird's einsam sein, im Herzen leer.
> Drum sag ich's noch einmal:
> Schön ist die Jugendzeit,
> schön ist die Jugend,
> sie kommt nicht mehr.
> Sie kommt, sie kommt nicht mehr,

16 Siehe Anm. 12, S. 69.

>   kehrt niemals wieder her,
>   schön ist die Jugend,
>   sie kommt nicht mehr.[17]

Ebenfalls wäre an Geibels damals so populäres Gedicht
O Jugendzeit zu denken.

Benn nutzt demnach erneut die den Leser lenkende Wirkung
der Titelgebung aus, um ihn systematisch zu schocken. Hat
sich der Leser einen Text wie den oben mit der ersten Strophe zitierten vorgestellt, muss er sich in seinen Erwartungen
überraschend getäuscht sehen, wenn in Benns Gedicht von
dem angeknabberten Mund eines Mädchens die Rede ist, das
lange im Schilf gelegen hatte. Die ›schöne Jugend‹ bezieht
sich dann auf den Rattenwurf, der sich geradezu idyllisch –
wohnlich (»Laube«) in der Leiche eines Mädchens eingenis-
tet hat, und, wie die spätere Obduktion ergibt, von Leber,
Niere und Blut der Leiche ernährt. Dem Text mangelt es, wie
schon bei *Kleine Aster* zu beobachten war, an jeder Form
von Mitleid verratender Äußerung. Der Tod des Mädchens
wird genauso sachlich-nüchtern konstatiert wie der ›schöne
und schnelle‹ Tod der jungen Ratten, die man kurzerhand al-
lesamt ins Wasser wirft. »Ach, wie die kleinen Schnauzen
quietschten«, so lautet das zynische Ende.

Die makabre Umkehrung der Klischeevorstellung von
einer schönen Jugend erzeugt den Eindruck einer Welt,
in der der gewöhnliche Sinnzusammenhang radikal aufge-
sprengt worden ist. »Die ambivalente Vermischung des
Häßlichen mit dem Schönen kann hier als Instrument der
Normenverunsicherung gelten.«[18] Benn wird später von
der Zusammenhangsdurchstoßung und der Wirklichkeitszertrümmerung sprechen (*Probleme der Lyrik*). Wie in
Kleine Aster finden sich hier das »Zurückfallen des Menschen in die Verwesung, das Auslöschen des Bewußtseins,

---

17 zit. nach: *Der Bettelmusikant*, Bonn-Bad Godesberg [o. J.], S. 66.
18 Dieter Liewerscheidt, *Gottfried Benns Lyrik*, S. 21.

die Aufhebung der Identität der Person. [All das] führt in Grenzsituationen, in denen die Übermacht des vitalen Geschehens alle Sinnbezüge aufhebt«[19], denn der Mensch ist depersonalisiert; er besteht nur noch aus einzelnen Körperteilen; sie kommen in dem Gedicht so zur Sprache, wie sie das Seziermesser freilegt: Brust, Speiseröhre, Zwerchfell, Leber, Niere.

Die Ähnlichkeit mit dem Gedicht *Kleine Aster* geht noch weiter: das Spiel mit der irreführenden Titelgebung, der sachliche, unterkühlte, unpersönliche Berichtston, wobei allerdings hier ein anonymisierendes dreifaches ›man‹ an die Stelle des ›Ich‹ getreten ist und noch mehr Distanz schafft, schließlich die provozierende Ausschließlichkeit, mit der Emotionalität hier auf den Inhalt des Rattennestes gelenkt wird (›Ach‹, das mehrfache ›so‹, das Diminutiv: ›Schwesterchen‹, gesteigert durch die Verdoppelung ›*kleines* Schwesterchen‹); schließlich die Pointierung als Überraschung, dass hier von der schönen Jugend kleiner Ratten und ihrem schönen schnellen Tod die Rede ist.

Eine weitere Parallele zu *Kleine Aster* ist: »Wie [dort] die Aster [...] in der ›Vase‹ dem Tod bereits ausgeliefert ist, so finden die ›kleinen Schnauzen‹ ihr Ende in dem Element, das auch das Leben des Mädchens beendet hat. Doch entstammt diese Verdoppelung des Todes nicht etwa einer romantischen Reflexionsstruktur, sondern einer traditionskritischen Evokation des Kreislaufs – am Ende ist der Tod dem Tode gleich, ob es die eingesargte Aster ist oder ob es die ertränkten Ratten sind.«[20]

Benn spielt mit seiner jungen weiblichen Wasserleiche außerdem auf ein bekanntes Motiv an und verfremdet dessen Behandlung. Hamlets Geliebte ist, als sie vom Tod ihres Vaters Polonius erfährt, in Wahnsinn verfallen und ertrunken. Der französische Lyriker Arthur Rimbaud nimmt sich

19 Paul Böckmann, »Gottfried Benn und die Sprache des Expressionismus«, S. 73.
20 Siehe Anm. 12, S. 71.

dieses Themas in seinem Gedicht *Ophélie* an und Expressionisten wie Georg Heym oder Bertolt Brecht liefern ihre Varianten zu dem Thema (Trakl, Heym: *Ophelia*, Brecht: *Vom ertrunkenen Mädchen*). Mit dem erotischen Untergrund spielt auch Benn (Mund und Brust des Mädchens; die Garten-›Laube‹ als erotischer Ort), aber er erzielt den kalkulierten Schock gerade dadurch, dass er die erwartete erotische Konnotation völlig ins Leere laufen läßt. »Der poetische Zauber des Ophelia-Motivs erlischt im kalten Licht des Leichenschauhauses, das zynische Rattenrequiem versteht sich als schockierendes Schlußwort. Der Mensch, so geben die Verse zu verstehen, ist kein besonderes Wesen, sondern wie andere Kreaturen, auch in den gefühllosen Kreislauf von Werden und Vergehen einbezogen: erst lebender, dann verwesender Körper, nichts weiter.«[21] Ein genauerer Vergleich mit dem Heym-Gedicht ist aufschlussreich. Auch bei Heym nisten die Ratten in den geöffneten Haaren der einen Strom heruntertreibenden Leiche Ophelias. Aber bei Heym bleibt das Mädchen »unangefochtener Mittelpunkt der Darstellung, indem die umgebende Naturkulisse des ersten und das städtisch-industrielle Ambiente des zweiten Teils stimmungserzeugend mit der Ruhe des Leichnams zunächst harmoniert, dann kontrastiert. Die mitfühlende Natur, stellenweise sogar anthropomorphisiert, erweist dem toten Mädchen als schönes oder doch faszinierendes Spalier seine ästhetische Reverenz. Der Anthropomorphismus, den Benn durch seine Herabsetzungsstrategie angreift und provoziert, bleibt bei Heym bei aller ästhetischen Ambivalenz unangetastet. Dort ist das Nest von jungen Wasserratten im Haar des Mädchens lediglich einleitendes Dekor. [...] Die fundierende Werthierarchie, von Benn provoziert, wird von Heym noch nicht herausgefordert.«[22]

---

21 Peter Christian Giese, *Interpretationshilfen: Lyrik des Expressionismus*, Stuttgart 1992, S. 85.
22 Siehe Anm. 18, S. 23.

Mann und Frau gehn durch die Krebsbaracke (1912).
Auch für dieses Gedicht gilt, was schon an den beiden vorhergehenden Gedichten zu beobachten war: Benn löst einen ersten Schock durch die Titelgebung aus, weil der Titel
zunächst andere Erwartungen erweckt, als sie dann vom
Text eingelöst werden. Allerdings hat Benn bei diesem Gedicht das Widerspiel von Erwartung und schockartiger
Enttäuschung in die Titelformulierung selbst hineingelegt.
Wenn es dort heißt ›Mann und Frau‹, denkt der an Lyrik
geschulte Leser zunächst an ein Liebesgedicht bzw. an einen Text, in der aus der Polarität von Mann und Frau die
den Text tragende Spannung erzeugt wird. Eine Formulierung ›Mann und Frau gehen‹ wird den zeitgenössischen Leser überdies Texte wie Stefan Georges bekanntes Gedicht
›Komm in den totgesagten park und schau: / Der schimmer
ferner lächelnder gestade‹ in Erinnerung rufen. Eine erste
Verstörung dürfte dann aber in der Überschrift die Ortsangabe ›durch die Krebsbaracke‹ auslösen, verweist sie doch
auf Krankheit (Krebs), auf den provisorischen, notdürftigen, ärmlichen Ort der verwalteten, massenhaft auftretenden Form einer Krankheit (Krebsbaracke) hin. Denn nicht
vom Krankenhaus ist die Rede, was immerhin noch etwas
den Kranken Behausendes assoziieren lassen würde, sondern die Überschrift spricht von der Baracke, der vorläufigen, hinfälligen, nur mit dem Dürftigsten ausgestatteten Behausung für die Unterbringung von Massen. Da
der Text mit einem ›Der Mann‹ als verstümmelter ›Inquit‹-Formel beginnt und auch die vertraute Form der Du-
Anrede gewählt wird, wäre durchaus eine Unterhaltung
zweier Liebender – wenn auch in makabrer Umgebung –
denkbar, aber gleich der erste Vers zerstört jede in die Richtung eines Liebesgedichtes in Dialogform gehende Lesererwartung.
Das Gedicht vollzieht eine immer näher sich an das Objekt
herantastende Bewegung. In einer wohlkalkulierten Klimax
steigert sich Strophe für Strophe die Intensität dieser Bewe

gung; der Schock wird größer, weil die Annäherung an das
Objekt immer weiter fortschreitet.

In der ersten Strophe fällt der Blick noch auf das Ganze der
Baracke mit ihren Bett›reihen‹ (diese Reihe / diese Reihe),
dann verengt sich das Blickfeld von Strophe zu Strophe
(1–4) immer mehr. Durch die direkte Anrede, die den Gang
durch die Krebsbaracke Schritt für Schritt begleitet, die
mehrfache Verwendung des ›Hier‹, der Demonstrativpro-
nomen (›dieser‹) und durch die Häufung der Imperative
(›Komm‹, ›hebe‹, ›sieh‹, ›Fühl ruhig‹) gewinnt das Gedicht
an szenischer Präsenz und Unmittelbarkeit, der sich der
Leser nicht entziehen kann. Die Kranken sind in diesem
Gedicht reduziert auf den zerfallenen Schoß, die zerfallene
Brust, den Klumpen Fett und faule Säfte. Sie dämmern be-
wusstlos dahin, bis dass der Tod den Schlaf ablöst. Sie sind
aus der Welt menschlicher Kommunikation und Zuwen-
dung bereits ausgetreten bzw. ausgestoßen. Das Personal
»wechselt stündlich«, kann und will hier also keinerlei per-
sonalen Bezug mehr herstellen, obwohl die ›Schwestern‹ eigentlich zur Caritas, zur Nächstenliebe, verpflichtet sind:
Manchmal »wäscht sie die Schwester. Wie man Bänke
wäscht«.

Aber gerade mit Brust und Schoß sind jene erotischen Orte
erwähnt, die im Zentrum erotisch-sexueller Lust stehen.
Das, was einem Manne einst groß war, findet hier Beach-
tung; aber der einstige Rausch, die einstige Heimat, die
Entgrenzung und Geborgenheit zugleich bot, ist völlig dem
Verfall preisgegeben, das einstige Versprechen löst sich in
nichts auf, eine Lüge des Körpers, eine Lüge, die durch die
Zeit an den Tag kommt.

Alle Sinne werden in dem Gedicht angesprochen (hören
[das Gespräch], sehen, riechen [»Bett stinkt bei Bett«],
schmecken [»faule Säfte«]); aber jede Sinnenlust, die Erotisches assoziieren lässt, verkehrt sich ins Abstoßende, in den
Ekel über das Hässliche. Was aus dem erotischen Akt ent-
stehen kann, neues Leben, wird aus dem verkrebsten Schoß

herausgeschnitten. Benn richtet seinen Blick somit ganz auf
die Verfallsperspektive. Das Gedicht birgt keine Hoffnung
in sich. Selbst da, wo von neuem Leben, einem Kind, die
Rede ist (4. Strophe), wird auch dieses in den Bereich des
körperlichen Zerfalls sofort zurückgeholt: »Hier dieser
schnitt man / erst noch ein Kind aus dem verkrebsten
Schoß«. »Geburt und Tod erscheinen als Stationen eines
vorhersagbaren, sich ewig wiederholenden, sinnlosen
Kreislaufs der Erbärmlichkeit und des Elends, für das in
seiner Art die Situation der ›Huren, Gefangene[n], Ausge-
stoßene[n]‹ im Kreißsaal des Berliner Krankenhauses ein
anschauliches Bild gibt.«[23] Das Mahnen an den körperlichen Ver- und Zerfall gemahnt an Gedichte des Barock, die
das Motiv des ›carpe diem‹ variierten und z. B. als Liebes-
gedichte der Geliebten gegenüber den körperlichen Verfall
in aller Bedrohlichkeit schilderten, um so die Geliebte zu
ermuntern oder dazu zu verführen, den Augenblick zu nutzen. Was Benns Gedicht jedoch von den Barockgedichten
klar unterscheidet, ist der Verzicht auf den Hinweis der
Unsterblichkeit der Seele, die es letztlich zu retten gilt. Es
bleibt bei dem nüchternen Bibelwort: »Denn du bist Erde
und sollst Erde werden« (Gen. 3,19) ohne Ausblick auf
eine ›Auferstehung des Fleisches‹. Von einem auf Transzendentes verweisenden oder gar immateriellen Teil im Menschen findet sich bei Benn nicht die leiseste Andeutung. Im
Gegenteil, in diesem Gedicht und anderen Gedichten aus
der *Morgue*-Sammlung fällt immer wieder auf, wie einsin-
nig sich Benn auf die reine Leiblichkeit des Menschen beschränkt und alles Unvergängliche nicht dem Gesetz der
Auflösung Unterworfene aussart. Um diesen Gegensatz
besonders zu betonen, wird in dem Gedicht selbst die
christliche Tradition und Vorstellungswelt ›zitiert‹: »Auf
die christliche Tradition wird [...] mit einem blasphemi-

23 Thomas Anz, *Literatur der Existenz. Literarische Psychopathographie und
ihre soziale Bedeutung im Frühexpressionismus*, Stuttgart 1977, S. 47.

schen Detail angespielt (die Krebsknoten bilden einen ›Rosenkranz‹), wie um den anti-metaphysischen und anti-religiösen Charakter des Gedichts zu unterstreichen. Die Gedichte des Pfarrerssohns Gottfried Benn offenbaren statt einer gelassenen Absage an das Christentum eine brutale Heftigkeit, die vermuten läßt, daß der Autor noch in der radikalen Negation an den Glauben seiner Kindheit gebunden ist.«[24]

Dennoch tröstet in gewisser Hinsicht der Schluss des Gedichtes, denn die letzte Strophe weicht im Ton von den vorangegangenen ab. Die Krebsbaracke wird zum Todesacker. In einer parallel geführten Gegenbewegung stellt sich Harmonie ein: So wie der Acker um die Betten der Todgeweihten schwillt, ebnet sich umgekehrt das Fleisch wieder zu Land. Einer aufsteigenden Bewegung korrespondiert eine niederfallende. Die Toten antworten dem Ruf der Erde.

Zwar steht am Ende des Gedichtes nicht mehr die Hoffnung auf Erlösung, aber nach der Schilderung des physischen Verfalls in den vorangegangenen Strophen und des Verfließens der Kranken folgt doch der Blick auf die überindividuelle Kraft der Erde und des organischen Lebens, die den einzelnen Menschen im Tode zu sich rufen und ihn in sich aufnehmen. Die ›Erlösung‹ liegt also hier in der ›Auflösung‹, in dem Heraustreten aus der Individualität, in der Regression. Der Tod ist die Heimkehr des Menschen in die ewige Erde.

Bei genauerem Hinsehen wird man entdecken, dass auch die Schlusswendungen der Gedichte *Kleine Aster* und *Schöne Jugend* ein ähnliches Versprechen bedeuteten. Der menschliche Leichnam wird zur Vase der kleinen Aster, aus der sie sich satt trinken soll, ohne dadurch dem eigenen Tod zu entgehen (»Ruhe sanft, kleine Aster!«). Ratten haben sich in dem Leichnam eines Mädchens unter dem

24 Siehe Anm. 21, S. 78f.

Zwerchfell eingerichtet, bevor sie selbst dem Wassertod übergeben werden.

Am Ende eines jeden Gedichts steht die Einkehr in einen ewigen Kreislauf der Natur, der keine Unterschiede macht.

Kreislauf (1912). ist auch der Titel eines weiteren Gedichts aus der Sammlung *Morgue*:

> Der einsame Backzahn einer Dirne,
> die unbekannt verstorben war,
> trug eine Goldplombe.
> Die übrigen waren wie auf stille Verabredung
> ausgegangen.
> Den schlug der Leichendiener sich heraus,
> versetzte ihn und ging für tanzen.
> Denn, sagte er,
> nur Erde solle zur Erde werden. (1,8)

Hier wird parodistisch der Kreislaufgedanke aufgenommen, dass Erde wieder Erde werden soll, denn der Leichendiener bedient sich des Bibelwortes, um zynisch seine Vergehen an der Leiche zu entschuldigen; aber er verkennt, dass auch er nur den Kreislauf bedient, denn wie Erde zu Erde wird, wird auch Gold wieder zu Geld und umgekehrt.

D-Zug (1912). Während *Mann und Frau gehen durch die Krebsbaracke* nur den Anschein erweckt, als Liebesgedicht gelesen werden zu können, ist das Gedicht *D-Zug*, ein Liebesgedicht, auch wenn man es auf den ersten Blick nicht als solches erkennt. Hier wird Erotik als Rausch-Erfahrung thematisiert. Die momentane Auflösung des Ich in einem Zustand des Rausches oder der Unbewusstheit erschwert den interpretatorischen Nachvollzug dieses Textes, der statt eines erzählbaren Nacheinanders das Ineinander beinahe chaotischer Wahrnehmungsvielfalt wählt, statt der Logizität

bewusst das Alogische bevorzugt und nicht mehr mit auf-
lösbaren Metaphern oder gar Vergleichen arbeitet, sondern
statt dessen vieldeutige Chiffren setzt und durch syntaktische Unvollständigkeiten dem Leser einen Assoziationsraum freigibt, wodurch dieser in seinem Verständnis des
Textes nur in geringem Maße festgelegt ist. Trotzdem sei eine
deutende Paraphrase des Textes versucht: *D-Zug* lautet die
Überschrift, gibt damit einen Ort an, dem das Folgende zu-
zuordnen ist: eine Summe aus kurzen Impressionen, Reflexionen, Gesprächsfetzen und Erinnerungen. Mit D-Zug ist
aber auch etwas von der Schnelligkeit und Hektik benannt,
die durch Reimlosigkeit, den Wechsel von einzeln stehenden
Zeilen und Zeilengruppen, das fehlende metrische Gleich-
maß und die unterschiedliche rhythmische Bewegung jeder
Zeile erzeugt werden, wobei dieser Eindruck noch durch
den mit einer einzigen Ausnahme (Z. 9/10) eingehaltenen
Zeilenstil intensiviert wird. Ebenfalls intensivierend wirken
außerdem die Zäsuren, die den einzelnen Zeilen eingelagert
sind (s. besonders Z. 1, 3, 6, 9, 15, 17, 18, 21) und die häufigen
asyndetischen Reihungen. Die so erzeugte Schnelligkeit lässt
den im Gedicht artikulierten Wunsch nach Ruhe verständlich werden (»Ich bin im Nacken so müde«).
Mit der Überschrift ist die zweite Zeile zu verbinden
(»D-Zug Berlin Trelleborg und die Ostseebäder«), die man
nunmehr als Fahrthinweisschild lesen kann, das die Richtung des Zuges angibt. Mit dem Stichwort Ostseebäder er-
schließt sich auch rückläufig die erste Zeile. Sie hält Farb-
impressionen fest, die man haben kann, wenn man in einem
D-Zug an den Abteilen entlanggeht und Fahrgäste beobachtet, die nach einem Ostseeurlaub braun gebrannt sind.
Entsprechend heißt es dann auch in der dritten Zeile
»Fleisch, das nackt ging«, womit auf den beendeten Urlaub
angespielt wird und mit der Metonymie (›Fleisch‹) die Ur-
lauber in ihrer jeweiligen Personalität ausgespart bleiben.
Die Farbskala der Brauntöne differenziert Benn zu Beginn
durch die Hinzufügung von Vergleichswörtern oder Kom-

posita (›wie Kognak‹, ›wie Laub‹, ›Malaien‹-…). Damit setzt er gleich schon zu Anfang einen Assoziationsraum, der für den folgenden Teil bestimmend und mehrfach aufgegriffen und variiert wird. Mit der Erwähnung des Kognaks erweitert er das sinnlich Wahrnehmbare um Gerüche (fortgesetzt im Folgenden durch: ›die Georginennähe macht uns wirr‹, ›Eine Frau ist etwas mit Geruch‹, ›Resede‹, ›dieser fiebernde süße letzte Geruch aus den Gärten‹); mit dem Laub assoziiert sich Spätzeitlich-Herbstliches, Reifes, zum Fallen Bestimmtes (s. auch: ›Reif gesenkt‹, ›Sichel-Sehnsucht‹, ›Vorletzter Tag des neunten Monats schon‹, ›Stoppel und letzte Mandel lechzt in uns‹, ›die Müdigkeiten‹, ›Stirb hin‹, ›ich falle‹). Das Malaiengelb lässt sich wiederum leicht mit Exotik und Ferne in Verbindung bringen und steht in Korrespondenz mit dem Komplex des Südlich-Mediterranen, das später mit Formulierungen wie ›zu griechischem Glück‹, ›Darin ist Süden Hirt und Meer‹ evoziert wird.

Impressionen im Zug bilden also den realen Ausgangspunkt dieses Gedichtes, die erweitert und miteinander verwoben werden. Das beobachtende Ich bleibt nicht reiner Betrachter, sondern schließt sich mit der zweifachen Nennung des ›wir‹ in dieses Geflecht von sinnlicher Wahrnehmung, Erinnerung, aufgenommenen Gesprächsfetzen und freier Assoziation und Reflexion mit ein. Es fühlt sich in seinem Inneren einerseits reif gesenkt, ist müde, sehnt sich nach dem Tode (›Sichel-Sehnsucht‹), andererseits spürt es in sich Wallungen des Blutes, Entfaltungen. Das Ich ist in sich wirr, zwischen Gegensätzen zerrissen, zwischen Aktivem und Passivem, Pulsierendem und Müdigkeiten. Gegensätze, die in dem letzten Teil des Gedichtes nochmals bestimmend werden, indem sie die einem Mann bzw. einer Frau zugeschriebenen Dialogpartien bilden. Diese werden durch die parallel, aber gleichzeitig spiegelverkehrt zueinander gestellten Sätze eingeleitet: ›Männerbraun stürzt sich auf Frauenbraun‹, ›Frauenhellbraun taumelt an Männerdunkelbraun‹. In der unterschiedlichen Bewegungsform ›stürzt‹ und ›taumelt‹ kündigt sich die Unterschiedlichkeit in der Männer- und Frauenrolle an, dort aktiv zielgerichtetes Verhalten, hier passiv-zielloses Taumeln, dort Kasino-Überlegenheit (›Eine Frau ist etwas für eine Nacht‹), hier intimeres, verhalteneres Reden (›Halte mich! Du, ich falle‹). Aber trotz dieser Gegensätzlichkeiten in der sprachlichen Äußerung treibt doch Mann und Frau Gleiches an. Sie beide suchen in der erotischen Begegnung die Ich-Entgrenzung, den Rausch und damit die Vorahnung eines griechischen Glücks, wie es in der fünften Zeile bereits geheißen hat. Sie sehnen sich nach der alle Differenzen aufhebenden Ekstase, die ›Unsägliches‹ beinhaltet, vor jeder Reflexion steht und im Augenblick vorwegnimmt, was als Lebensziel ersehnt wird, die Regression ins Vorbewußte, Sprachlose, die Aufgabe des Bei-sich-selbst-Seins, das als Fluch der Entzweiung erfahren wird. Dass dieser erotische Glücksmoment jedoch nur punktuell erfahrbar ist, macht das Getriebensein des Ich aus, bestimmt die Motorik des Textes, den Eindruck des Gehetztseins.

Requiem (1912). Wenn auch dieses Gedicht sich von den anderen *Morgue*-Gedichten dadurch abhebt, dass es in Kreuzreim gereimt und aus jeweils regelmäßig vier Zeilen zu Strophen zusammengesetzt ist, zieht es doch auch wieder wie viele andere Gedichte aus dem Zyklus seine Brisanz u. a. aus der Titelgebung, denn mit dem Titel bezeichnet Benn zunächst das ›Seelenamt‹, d. h. die katholische Messe für Verstorbene, die mit dem Introitus beginnt. Der Introitus wiederum wird mit den Worten: »Requiem aeternam dona eis, Domine« (Herr, gib Ihnen die ewige Ruhe) eingeleitet.

Wie auch die anderen Gedichte, deren Hintergrund die medizinische Sektion bildet, ist dieses Gedicht nicht eine detailgenaue, realistische Wiedergabe des für ein Gedicht zunächst doch recht ungewöhnlichen Sujets, sondern es ist wie die anderen Gedichte genauestens auf den Schock hin konstruiert. Konstruktionsprinzip ist auch hier die Verschränkung religiös besetzter Wörter, Assoziationen und Vorstellungen mit den Brutalitäten der Leichenöffnung in der Pathologie. In ›kreuzweise‹ klingt z. B. an, dass hier Mann und Frau ›kreuzweise‹ übereinander gelegt sind, d. h., entweder liegen sie gekreuzt: rechtwinklig über Kreuz, oder schräg zueinander. Gleichzeitig sind sie einander ein Kreuz. Sie kriechen zu Kreuze oder sie sind sich einander über Kreuz, d. h., sie stehen zueinander in gespannter Beziehung, alles mögliche Bedeutungen des ›kreuzweise‹.

Unvorbereitet wird in der ersten Halbzeile des Gedichts davon gesprochen, dass auf jedem Tisch zwei – man muss aus dem Kontext ergänzen – ›liegen‹, nämlich Männer und Frauen. Die erste Aussage bleibt bewusst kryptisch. Weder wird das Zahlwort ergänzt durch die Nennung dessen, wovon zwei auf jedem Tisch liegen, noch wird über die Tische – es sind ja für die Sektion bestimmte Tische – eine präzisierende Aussage getroffen. Ebenfalls wird das Verb ausgespart. So auch in dem nächsten Satz, der sich mit einem Enjambement von der ersten Zeile in die zweite erstreckt: Männer und Weiber / kreuzweis. ›Weiber‹ klingt dabei abfällig und abwertend oder rein klassifizierend. Die dann folgende Ergänzung: ›nah [beieinander]‹, und zwar ›nackt‹, lässt schnell daran denken, dass hier Mann und Frau zusammenliegen, um den Geschlechtsakt zu vollziehen. Es verstört allerdings das folgende ›ohne Qual‹, als sei die geschlechtliche Vereinigung oder auch nur die Annäherung von Mann und Frau eine Qual und nicht – wie man annehmen müsste – ein Grund zu Lust und Freude. Die folgende Zeile gibt mit ihrer ebenfalls wieder hart, weil ohne Verb formulierten Aussage ›Den Schädel auf‹ die Begründung für das ›dennoch‹ der vorausgehenden Aussage. Es handelt sich nämlich bei den Männern und Weibern um Leichen, die seziert wurden, denen der Schädel geöffnet und die Brust entzweigetrennt wurde. Die Entnahme jener Innereien, die man den Körperhüllen entnahm, wird als Geburtsakt beschrieben: ›Die Leiber / gebären nun ihr allerletztes Mal.‹ Damit fallen schon in der ersten Strophe die Bereiche Sexualität, Geburt und Tod derart zusammen und werden so eng miteinander verschränkt, dass sie nicht mehr auseinander gehalten werden können. Der äußerst lakonische Ton und die Kargheit des Ausdrucks sind nicht mehr zu überbieten. Sie bilden ein Pathos durch Verschweigen.

Jeder der hier liegenden Menschen ist nichts mehr, als was in drei Näpfe, die am Sektionstisch aufgestellt sind, hineingeht. In diese Näpfe werden die dem Corpus entnommenen Organe hineingelegt; hier durch die Alliteration zusammengefasst: von *H*irn bis *H*oden. Zugleich sind damit jene Organe genannt, die den Sitz des Geistes und der Sexualität konnotieren. In Anspielung auf alte christliche Denktradition wird in der folgenden Zeile von Gottes Tempel und des Teufels Stall gesprochen. Beides kann auf Hirn und Hoden bezogen werden. Aber beides wird nicht in die alte christliche Konstellation gebracht, dass der Geist über dem Fleische (Hoden) und dem Fleischlichen, Materiellen stehe und es besiege. Beides, Hirn und Hoden vereint auf dem Boden eines Kübels, begrinst Golgatha und Sündenfall. D. h., von Golgatha, der Schädelstätte (man denke an die erste Strophe, wo vom aufgebrochenen Schädel die Rede war) her, winkt keine Erlösung. Sündenfall und Erlösung, das Kreuz als Zeichen der Erlösung sind Ideologien, die durch die in der Obduktion im wahrsten Sinne des Wortes ›offen‹-bar werdende reine Materialität des Menschen entlarvt werden. Es besteht folglich keine Hoffnung auf Erlösung, Transzendenz oder eine Sinngebung durch Transzendentes. Gott ist tot.

Noch einmal greift die letzte Strophe den Gedanken auf, dass der Sektionsakt einem Geburtsakt gleichkommt, denn alle Rest-Teile der Sezierten werden in Särge verpackt. Es kann dabei passieren, dass sich so in einem Sarg eine Familie ›gebiert‹: Mannsbeine, Kinderbrust, Haar von einem Weib. Zeugung (›hurten‹), Geburt und Tod verschmelzen miteinander, werden eins.

Nachtcafé (1912). Dieses Gedicht scheint aus dem Rahmen der übrigen in *Morgue* zusammengestellten Gedichte zu fallen, denn es wählt nicht mehr das Leichen- oder Krankenhaus zu seiner Szenerie, sondern es ist, wie der Titel sagt, nunmehr das Nachtcafé, in dem sich Menschen treffen. Wenn auch eine andere Lokalität dem Gedicht eine gewisse Singularität im Kontext der *Morgue* verleiht, weicht es doch durch seine formalen Elemente von den anderen Gedichten nicht wesentlich ab. Im Gegenteil, auch hier finden sich die Reimlosigkeit und der Verzicht auf ein einmal festgelegtes und dann konsequent durchgehaltenes Metrum, und auch die Variabilität in der Anzahl der Zeilen pro Strophe macht diesen Text anderen Gedichten der Sammlung vergleichbar, er variiert sogar extrem, denn von den acht Strophen ist eine, die letzte, einzeilig, drei sind zwei-, je eine ist drei- und vierzeilig, die fünfte und sechste sind fünfzeilig.

Völlig unvermittelt hebt die erste Strophe mit einer Zahlenangabe an: »824«. Es folgt ein Doppelpunkt, danach »Der Frauen Liebe und Leben«. Man wird die Zeile so lesen müssen, dass »Der Frauen Liebe und Leben« auf Robert Schumanns op. 42,1–8 *Frauenliebe und -leben* nach Adelbert von Chamissos entsprechendem Gedichtzyklus anspielt, wo in einem achtteiligen Rollengedicht einer Frau in ekstatischen Tönen eine Form der romantischen Liebe gefeiert wird, wie sie sich nicht drastischer als Kontrast zu jener Form der ›Liebe‹ vorstellen lässt, die man im Nachtcafé praktiziert. Was mit der Nummer ›824‹ gemeint ist, bleibt weiterhin rätselhaft. Man könnte, wie es schon geschehen ist, an die Nummer einer Potpourri-Folge den-

ken;[25] aber auch das ist nicht sonderlich überzeugend.
Möglich ist, dass Benn genau so unüberlegt und ungeprüft
diese Zahl nennt, wie er in der sechsten Strophe von
›B-moll: die 35. Sonate‹ spricht; aber auch erst, nachdem
ihn Marguerite Schlüter darauf aufmerksam gemacht hat,
dass die ursprüngliche Angabe ›h-moll‹ falsch war, so dass
Benn bei der Übernahme des Gedichtes *Nachtcafé* in den
von ihm herausgegebenen Band *Lyrik des expressionistischen Jahrzehnts* die Korrektur gemacht und dann auch
beibehalten hat. In einem Brief an Schlüter vom 27. Januar
1955 schreibt Benn:

»Bei Nachtcafé schreiben wir wohl am besten: b-moll die
35. Sonate – gemeint, soweit ich mich erinnere, 1912 (!!),
Café in Alt-Moabit, war die Trauermarschsonate.«[26]

Hier romantische Liebeslieder (Schumann), dort Trauermarschsonate von Chopin: das ist die musikalische Unter-
malung der Nachtcafé-Szene, die das Gedicht skizziert,
denn mehr als Skizze ist es nicht. Sie entbehrt jeder Hand-
lungsfolge, die einzelnen Aussagen wirken wie atomisiert.
Atomisiert und vereinzelt sind auch die Menschen, die sich
im Nachtcafé begegnen. Der Eindruck entsteht vor allem
durch die Metonymien, deren sich Benn hier bedient, denn
von Menschen ist nie die Rede, sie werden nur genannt, indem metonymisch Eigenschaften genannt werden. Die Metonymien werden gleichsam verabsolutiert. Diese Technik
setzt mit der Schilderung des Orchesters bzw. der Orchesterspieler ein, die nur als die entsprechenden Instrumente
benannt und denen Handlungen zugeschrieben werden:

> Das Cello (gemeint ist der Cello-Spieler) trinkt
>   rasch mal. Die Flöte
> rülpst tief drei Takte lang: das schöne Abendbrot.
> Die Trommel liest den Kriminalroman zu Ende.

---

25 Siehe Anm. 12, S. 78.
26 *Gottfried Benn. Der Dichter über sein Werk*, hrsg. von Edgar Lohner, München 1969, S. 11.

Diese Zeilen wirken um so krasser, die Handlungen der Orchesterspieler um so unangemessener, je mehr man das ›rasche Trinken‹, das ›Rülpsen‹, den ›Kriminalroman‹, d. h. diese Reihe von Trivialitäten in den Kontrast zu den zu assoziierenden, zutiefst sentimentalen, gefühlvollen Texten des angespielten Chamisso-Zyklus setzt. Eine kleine Kostprobe aus dem dritten Teil:

> Ich kann's nicht fassen, nicht glauben,
> Es hat ein Traum mich beglückt;
> Wie hätt' er doch unter allen
> Mich Arme erhöht und beglückt?
>
> Mir war's, er habe gesprochen:
> ›Ich bin auf ewig Dein‹,
> Mir war's, ich träume noch immer,
> Es kann ja nimmer so sein.
>
> O laß im Traume mich sterben,
> Gewieget an seiner Brust,
> Den seligen Tod mich schlürfen
> In Tränen unendlicher Lust.[27]

Diese romantische Liebessehnsucht wird im *Nachtcafé* konterkariert durch metonymische Paarungen: ›Grüne Zähne, Pickel im Gesicht‹ nimmt Kontakt auf zu ›einer Lidrandentzündung‹. ›Fett im Haar‹ spricht zu ›offenem Mund mit Rachenmandel‹. ›Junger Kropf‹ erweist einer ›Sattelnase‹ einen Liebesdienst, indem er für sie die drei Bier zahlt. ›Bartflechte‹ und ›Doppelkinn‹ kommen sich dadurch näher, dass er ihr Nelken kauft, um sie zu erweichen. Die mit ›offenem Mund mit Rachenmandel‹ metonymisch umschriebene Frau hat eine Schmuckkette um den Hals, an der sie Symbole für die christlichen Tugenden ›Glaube, Liebe und Hoffnung‹ trägt. Es sind entleerte Symbole. In der Atmo-

---

27 zit. nach: Dietrich Fischer-Dieskau, *Texte deutscher Lieder. Ein Handbuch*, München 1968, S. 217 f.

sphäre des Nachtcafés sind diese Kardinaltugenden zu gie-
rig-geilen sexuellen Abenteuern verkümmert. Einmal
scheint sich bei einem der Gäste des Cafés Protest zu erre-
gen, als er bzw. seine Augen aufbrüllen, als wollten sie es dem
›Pack‹ verbieten, dass es auf dem von Chopin in seine Trau-
ermarsch-Sonate einfließenden Herzblut herumlatsche.
Mit der vorletzten Strophe bringt sich auch der Sprecher
selbst mit ein, wenn er von seinem Hirn spricht, gegen das
sich eine »süße Vorwölbung der Luft« stellt. Für einen win-
zigen Augenblick kommt die Hoffnung auf, dass in der
Gestalt eines ›Weibes‹ die Erlösung aus dieser schauderhaf-
ten, von Krankheit und Verkrüppelung entstellten Café-
haus-Gesellschaft, die an Bilder von George Grosz gemahnt, naht. Aber der Glaube, dass das ›keusche‹, ›kannaa-
nitisch braune‹, ›höhlenreiche‹ ›Weib‹ dem ›ausgedörrten‹
Mann einen Weg aus dieser gesellschaftlichen, nächtlichen
Hölle des Cafés bieten kann, verfliegt sogleich wie der die
Frau begleitende Duft, der ›kaum Duft‹ ist, denn in der als
Pointe gesetzten letzten Zeile heißt es: »Eine Fettleibigkeit
trippelt hinterher.«
Die Frau, für einen Augenblick aus der fratzenhaften Ge-
sellschaft herausgenommen, wird sofort wieder Teil des
atomisierten, einsam mit sich selbst bleibenden Packs.

Untergrundbahn (1913). Nichts in dem Gedicht verweist auf den Titel oder erklärte ihn gar. Er scheint wie auf-
gesetzt, es sei denn, man ist bereit, in dem Titel jene Ortsangabe zu lesen, wo die Begegnung zwischen Mann und
Frau, von der in dem Gedicht die Rede sein wird, stattfin-
det. In einer metaphorischen Bedeutung würde dann der in
dem Gedicht beschrittene Weg bzw. die Begegnung von
Mann und Frau in den Untergrund führen, womit eine Bewegung aus dem Geist ins Chtonische angesagt wäre.
Mit einer dreizeiligen Strophe beginnt das Gedicht. Alle übrigen Strophen weisen vier Zeilen auf, lediglich die vierte der

sechs Strophen besteht aus zwei Zeilen und markiert damit nochmals einen markanten Einschnitt im Aufbau des Textes.

Die erste Strophe ist wie der ganze Text äußerst schwer verständlich, was vor allem auf die syntaktischen Aussparungen zurückzuführen ist, denn die ›Sätze‹ sind ohne Prädikat (»Die weichen Schauer«) oder bestehen nur aus einem einzigen Wort, das überdies noch ein Neologismus ist (›Blütenfrühe‹). An anderen Stellen verunklärt die Verwendung des unbestimmten oder bestimmten Artikels die Aussage (›*Ein* Rot schwärmt auf‹ bzw. ›*Das* große Blut steigt an‹). Dennoch wird man den Aussagen der ersten Strophe entnehmen dürfen, dass hier eine Frühlingsstimmung eingefangen wird. Darauf deuten der weiche Schauer, die Blütenfrühe und schließlich die aufkommende angenehme Wärme, die sie aus den Wäldern aufsteigt (man beachte die w-Alliteration: *Wie aus warmen Fellen kommt es aus den Wäldern*). Der Bezug des unbestimmten, substantivierten Farbadjektivs ›Ein Rot‹ bleibt ungeklärt. Zum einen lässt sich die Farbe ›Rot‹ auf die in der ersten Zeile genannten Blüten beziehen, zum andern dürfte mit ›Rot‹ aber auch der Komplex Liebe assoziiert werden, so dass die Nennung von ›Rot‹ bereits auf die dann in der zweiten Strophe auftauchende fremde Frau beziehbar wäre, die in ein erotisches Verhältnis zum Sprechenden tritt. Zu dem passt auch das ›ansteigende‹ ›große Blut‹, wobei ›groß‹ intensivierende Funktion haben dürfte und bei Blut ebenfalls die Farbe ›Rot‹ mitgemeint ist.

Bezieht man die erste Strophe also schon auf die zweite, so stellt sie sich als die äußerst verknappte Beschreibung eines aufkommenden Frühlings dar, und parallel dazu liest sich dieses Naturereignis als der aus der Liebeslyrik bekannte, traditionelle ›Natureingang‹, der auf eine aufkeimende Liebe hindeutet: Durch all den Frühling kommt die fremde Frau. Der Sprechende nähert sich der noch fremden Frau, macht sie sich vertrauter, indem er an ihr erste intimere Beobachtungen anstellt: »Der Strumpf am Spann ist da.«

Noch aber bleibt dem Auge verborgen, wo der Strumpf endet. Dieser Ort, so lokalisiert sich in der zweiten und dritten
Zeile der zweiten Strophe der Sprecher der Frau gegenüber,
ist »weit von mir«. Aber das lyrische Subjekt begreift sich
doch schon auf der Schwelle, sehnt sich nach dem verborgenen Ort, wo es »laues Geblühe« vermutet: eine Parallele zum
»weichen Schauer«, der »Blütenfrühe« und den »warmen
Fellen« aus der ersten Strophe. Der Sprechende schluchzt
»auf der Schwelle« zu »fremden Feuchtigkeiten«.
Die dritte Strophe eröffnet eine gefühlsgetragene Interjektion ›Oh‹, der ein emotionsgeladener Ausruf folgt: »Wie ihr
Mund die laue Luft verpraßt!«, der in Form einer Alitera-
tion (*laue Luft*) ebenfalls wieder an die zweite Strophe an-
knüpft, wenn dort vom lauen Geblühe die Rede war.
Es folgt dann eine vierfache Apostrophierung der Angere-
deten in Form von Wortkomposita, die alle Neubildungen
sind: ›Rosenhirn‹, ›Meer-Blut‹, ›Götter-Zwielicht‹ (in einer früheren Fassung heißt es an dieser Stelle ›Höher-
zwielicht‹), ›Erdenbeet‹. Ein Teil dieser Anrufungen verbindet sich mit schon Genanntem. Das ›Meer-Blut‹ nimmt die
Rede vom Blut wieder auf, das Rosenhirn stellt eine Verbindung von ›Geblühe‹ und ›Blütenfrühe‹ wieder her, Auf-
keimendes, frühlingshaft Wachsendes assoziiert sich auch
mit dem ›Erdenbeet‹, das aber zum ›Rosenhirn‹ den genau-
en Kontrast bildet, als es nämlich eine Vertikale um-
schreibt, an deren oberem Ende das Hirn und unterem das
Beet sich befindet. Die Frau ist offensichtlich beides: Hirn
und Beet. Sie ist aber noch mehr in ihrer Beidseitigkeit oder
Uneindeutigkeit: nämlich Götter-Zwielicht. Nach einer
solchen Apotheose der Frau werden die Aussagen wieder
konkreter: Beschrieben wird die Wirkung, die der Gang
der Frau auf den Mann ausübt, die »Hüften strömen so
kühl den Gang [in einer früheren Fassung: ›Hauch‹] hervor«. Was aber nach einer erneuten Distanzierung des
Mannes von der Frau klingt, ist jedoch eine Intimisierung
des Umgangs: unauffällig ist aus dem anfänglichen Sie (›ihr‹

Mund) ein Du geworden: »Du Rosenhirn, [...] in dem du gehst!«

Nach den drei vierzeiligen Strophen nimmt sich die fünfte Strophe, die lediglich aus zwei Zeilen gebaut ist, wie ein Kulminationspunkt aus, als steuerten die ersten Strophen auf sie zu: Und sie beginnt auch mit einem einzigen Wort ›Dunkel‹, dem ein Doppelpunkt folgt, der als logisches Zeichen zu lesen ist, als komme nach ihm die Folgerung. Offen bleibt zunächst, welches ›Dunkel‹ gemeint ist. Die Überschrift ›Untergrundbahn‹ lässt zumindest assoziieren, dass die Bahn jetzt vielleicht in ein ›Dunkel‹ eintritt. Der Bezug auf den dem Doppelpunkt folgenden Satz (»nun lebt es unter ihren Kleidern«) legt aber ebenfalls die Annahme nahe, mit dem ›Dunkel‹ sei das ›Dunkel‹ unter den Kleidern der Frau gemeint, der Genitalbereich, auf den schon die Erwähnung von ›Strumpf am Spann‹, später dann der ›Hüften‹ langsam hinführte. Unter den Kleidern der Frau lebt ›es‹, aber was hier lebt, ist nicht geformt und domestiziert; was hier lebt, ist gelöst, stumm, eben nur ›weißes Tier‹. Enthemmte Sexualität, so könnte man diese beiden Zeilen übersetzen, wird hier assoziiert. Im Dunkel tritt die Tierheit der Frau hervor, vor der der Mann resigniert. Denn in der ersten Zeile der folgenden Strophe heißt es:

> Ein armer Hirnhund, schwer mit Gott behangen.

Die Unfähigkeit, Bewusstheit ganz im Unbewussten oder im ›Unter‹bewussten aufzulösen, sich – wie Freud sagen könnte – im Es aufzulösen, kennzeichnet den Mann, den ›Hirnhund‹. Auch er ist Tier, aber was ihn von der Frau trennt, ist seine Bewusstheit, das Wissen um sich, von Gott, sein Selbstbewusstsein, das ihm wie ein schweres Gewicht anhängt. So schwingt die Strophe in der Artikulation eines Begehrens aus: Der Hirnhund sehnt sich nach Erlösung (»Ich bin der Stirn so satt«); auch er will, um der Frau begegnen zu können, sich ›(auf)lösen‹. Die Erlösung liegt darin, dass die Stirn ein ›Gerüst von Blütenkolben‹ ›sanft ablöste‹. Die Stirn soll zum vegetativen Leben werden, sie soll ›mitschwellen‹, ›schauern‹ und ›triefen‹.

In der letzten Strophe wird – im wahrsten Sinne – ›chritt für Schritt ein solcher Erlösungsvorgang beschrieben. Das sprechende lyrische Subjekt imaginiert sich auf einer Wanderschaft, ›losgelöst‹, ›müde‹ und überdrüssig der Stirnarbeit. Zielpunkt des Weges, den es anvisiert, ist das ›Meer‹, genauer: ein ›erlösend tiefes Blau‹ des Meeres, die Bennsche Metapher für Auflösung und Aufhebung jeder Unterscheidung: Auf dem Weg zu dem ›fernen Glück‹ lässt sich das Ich in seiner Imagination von den ›Liedern aus den Gärten‹ – vielleicht nochmals ein Rückblick auf die Bildwelt in den vorangegangenen Strophen (›Blütenfrühe‹, ›laues Geblühe‹, ›Rosenhirn‹, ›Erdenbeet‹) –, von den ›Schatten‹ und der ›Sintflut‹ begleiten, um schließlich im ›Hin-Sterben‹ die Erlösung zu finden.

Karyatide (1916). Hilfreich zum Verständnis des Gedichts ist zunächst, wenn man sich kundig macht, was Karyatiden sind: an Geräten oder Gefäßen, meist jedoch in der antiken Architektur vorfindbare Frauenfiguren, die dort als Stütz- oder Trägerfiguren eingesetzt sind. Ansatzweise findet sich die freiplastische Statue in der Funktion der Säule bereits in der Kunst des alten Ägypten und des Vorderen Orients. Die griechische Architektur der Antike nimmt diese Statuenform auf und führt sie zur Vollendung, wobei der Typus der stehenden Gewandstatue in Details variiert wurde. Beispiele sind die Mädchenfiguren archaischer Schatzhäuser in Delphi oder die Erechtheionkoren in Athen.

Hat man eine solche Karyatide vor Augen, verliert schon der erste Imperativ zu Beginn des Gedichtes, der an eine solche Karyatide gerichtet zu sein scheint, an Unverständlichkeit. Die Karyatide möge sich dem Stein entrücken, d. h., sie möge in sich den Widerspruch lösen, der darin besteht, dass sie einerseits statisch-notwendige Säule des Bauwerks ist, zum andern aber das Starre überwinden will, indem sie menschliche Züge der Freiheit angenommen hat. Sie solle das Gesims verhöhnen, seiner spotten, indem sie die Höhle, die hinter ihr als Gebäude liegt, zerbersten soll, wie der zweite Imperativ lautet, der, wie der erste sehr wirkmächtig an den Anfang bzw. ans Ende der ersten Zeile gestellt ist (›Entrücke‹ ... ›Zerbirst‹). Die Gegenbewegung zu dem geknechteten Sein ist das (Sich-Ver-)Rauschen in die Flur, das Verströmen, der Durchbruch der steinernen Starre ins Fließende, Offene, oder – wie man auch zusammenfassend sagen könnte – der Weg aus der Knechtschaft in die Freiheit.

Der Aufforderungsgestus ›sieh‹, mit dem die zweite Hälfte der ersten Strophe beginnt, verweist auf einen trunkenen Silen, den sich die Karyatide als Vorbild nehmen solle und dem es nachzueifern gelte. Der Silen ist berauscht, aus seinem Bart träuft Wein bis in seine Scham. Das meint Entgrenzung, die sich die Karyatide als Ziel setzen soll. Der die Sinne öffnende und für das Sinnliche bereitmachende Wein ermöglicht die Erfahrung des Rausches und der Entgrenzung.

Was mit dem Wein und dem Silen in der ersten Strophe angedeutet ist, ist in der zweiten Strophe der Tanz. Auch wenn sie es noch nicht weiß, so sehnt sich doch auch die Karyatide nach der Bewegung, dem ekstatischen Tanz. Schon hat sie ihr Knie vorgesetzt. Aus der Starre der Säule ist die Bewegtheit beginnenden Ganges geworden. (Die Erklärung zum Verständnis dieser Textstelle dürfte sein, dass bei den Karyatiden des Erechtheion, die Benn möglicherweise vor Augen gehabt hat, durch die Gewänder das leicht angewinkelte Bein hindurchscheint.)

War zuvor schon an die Karyatide der Ratschlag ergangen, sie möge die Gesimse verhöhnen, steigert sich jetzt der Aufruf: Sie soll die Säulensucht bespeien. Der gedankliche Anschluss in den ersten drei Zeilen der zweiten Strophe ist nicht ganz klar. Es sei folgende Paraphrase vorgeschlagen: Die Säulen werden mit greisigen Händen, die sich zum verhangenen Himmel aus ihrer Not bebend heraufstrecken, verglichen. An die Stelle der Säulensucht soll nun die Sehnsucht des Knies treten, d. h., das Apollinische möge dem Dionysischen Platz machen, denn die Hände strecken sich vergeblich zu den Göttern, von den Göttern, die auf dem Olymp wohnen und in dem Tempel verehrt werden, kommt keine Rettung.

Nicht in die Vertikale (der sich nach oben streckenden Hände), sondern in die Horizontale soll sich die Karyatide begeben. Ihr war nahe gelegt worden, sich zu entrücken, was durchaus auch als ›ver-rücken‹ gelesen werden kann, mit der daran gebundenen Assoziation des Verrückt-Seins als eine Form der Ent-rückung (»Rausche doch in die Flur«). Nun folgt eine Reihe von Imperativen, die alle diese Verschmelzung, die Aufhebung der Differenz von Subjekt und Objekt meinen: ›Breite dich hin‹, ›Zerblühe dich‹, ›Blute dein weiches Beet aus großen Wunden hin‹. Der letzte Imperativ erinnert an den vom Blut durchdröhnten Silen, und korrespondierend damit, dass in dessen Scham der Wein träufelt, verweist der Sprechende die Karyatide darauf, dass Venus der Hüften Liebestor mit Rosen umgürtet hat. Die Karyatide, die bislang säulenhaft war, aber sich dem Stein entrückt hat und weiblich weich geworden ist, kann somit fruchtbares Beet sein. Die Szenerie wird dann ganz südländisch. Karyatide, der Silen, der Tempel, all das deutete bereits auf Südlich-Mediterranes hin. Nun wird die Südlichkeit selbst genannt. Die Karyatide wird in einem letzten Imperativ aufgefordert, sich der glücklichen Stunde des letzten sommerlichen Blaus am fernen baumbraunen Ufer zu vergewissern. Aber das Gedicht endet nicht unproblematisch, indem es nämlich diese in der Imagination heraufbeschworene letzte Glücksstunde als Lügenstunde bezeichnet, als sei dieses Glück eben nur eins der Imagination, nicht der Realität. Nietzsches Gedanke einer Artistik

des schönen Scheins als des letzten, dessen man sich noch
vergewissern könne, mag hier aufscheinen.

Das Gedicht ist der »Ausdruck des Leidens an der Indivi-
duation, d. h. am gesellschaftlichen Zwang zur Individuati-
on, und an der Ratio als ihrem gesellschaftlich verordneten
Mittel, welches der Selbsterhaltung der Individuen dient
und sie doch zugleich zur Unterdrückung ihrer Natur
und Verdrängung ihrer unmittelbarsten Lebensbedürfnisse
zwingt, also das Leben in ihnen abtötet. Die regressive
Sehnsucht, im Gedicht dargestellt, denunziert eine Ratio,
die durch ihren Zwang zur Verdrängung und Tabuisierung,
zur Unterdrückung des Lebens im Individuum die reale
Sehnsucht nach Regression übermächtig werden läßt.«[28]

Gesänge I und II (1913).   Schon in dem Gedicht *Untergrundbahn*, dann aber auch in *Karyatide* war das Motiv der
›Regression‹ angeklungen, in den *Gesängen* ist es nun be-
herrschend.

Bereits die erste Zeile hebt mit einer Interjektion ›O‹ an, einen Wunsch artikulierend, der doch nicht in Erfüllung gehen kann, wie am verwendeten Konjunktiv II ablesbar ist,
der am Ende der ersten Zeile und dann wieder am Beginn
der letzten Zeile des ersten Gesangs steht (›wären‹, ›wäre‹).
So gewinnen die Aussagen den Charakter des Irrealis, es
sind Wunschvorstellungen, die sich der Realisation entziehen und dem Indikativ des zweiten Gesangs direkt ent-
gegengesetzt sind.

Was ist Gegenstand der Sehnsucht in der ersten Strophe?
Es spricht ein kollektives ›Wir‹, das lieber ›Ururahn‹ wäre
als gegenwärtiges ›Wir‹. Ihm reicht nicht, auf die Stufe des
Ahnen oder des Urahnen zurückzufallen; mit der Doppe-
lung ›*Urur*-Ahn‹ ist signalisiert, dass hier eine Rückent-
wicklung ersehnt wird, die bis zum ursprünglichen Zu-

stand des Klumpen Schleim (»Klümpchen Schleim«) reicht,
der am Anfang alles Lebendigen gedacht wurde. (Die Annahme, dass sich Lebendiges aus dem Schlamm entwickelt
habe, vertraten bereits die alten Griechen.) Derjenige, der
hier spricht, hat also die Sehnsucht, sich von seinem perso-
nalen Ich nicht nur in ein Wir aufzulösen, sondern erstrebt
wird die gänzliche Depersonalisierung und die Aufgabe des
vereinzelten Bewusstseins-Ichs.

Auch die nächsten beiden Zeilen der ersten Strophe formulieren den Wunsch, einen vorbewussten Status zurückzuer-
langen. An die Stelle des Schleims tritt nun der ›stumme
Saft‹ als der Ort, aus dem sich das Lebendige entwickelt
bzw. (her)vorgleitet. Aus dem zu jeder Artikulation
(›stumm‹) und Reflexion unfähigen Saft bildet sich das, was
das Lebendige kennzeichnet: Leben und Tod. Hier ist die
Stätte, wo Zeugung, Geburt und Tod, alles das, was Lebendiges auszeichnet, seinen Platz hat, und zu diesem Zustand
möchte sich das sprechende ›Wir‹ zurückbilden.

Die zweite Strophe spielt dann neben ›Schleim im warmen
Moor‹ und ›Säften‹ weitere Stufungen durch, zu denen das
Ich zurückzukehren sich sehnt. Es sind dies: ›ein Algen-
blatt‹ oder ein vom Wind geformter, nach unten hin
schwerer ›Dünenhügel‹. Abgewiesen als imaginierte Sehn-
suchtsörter der Regression werden der ›Libellenkopf‹ oder
der ›Möwenflügel‹, denn – so lautet die in der letzten Zeile
gegebene Begründung – sie seien in der Entwicklung des
Lebendigen schon zu weit fortgeschritten und verfügten
deshalb auch schon zu sehr über die Fähigkeit zum Leiden, dem Anfang der Reflexion und Selbstbezüglichkeit.
»Die spätere Formel vom ›Hirn‹ als ›Irrweg‹ einer sinnlos
mutierenden Natur ist hier bereits angelegt, wenngleich
die Ausformung einer ›Verhirnungs- oder ›Zerebrations-
theorie‹ erst um 1920 und später bei Benn zu beobachten
ist.«[29]

29 Siehe Anm. 18, S. 26.

Dem Konjunktiv II des ersten Gesangs steht klar der Indikativ des zweiten gegenüber. Hier weiß das sprechende ›Wir‹, was, gemessen an seinen Wünschen, ›verächtlich‹ ist: Es sind dies ›die Liebenden‹, ›die Spötter‹, aber auch ›alles Verzweifeln‹, jede Form der Hoffnung (›wer hofft‹) und die ›Sehnsucht‹. Liebe, Sehnsucht, Hoffnung wie Verzweiflung haben gemeinsam, dass sie alle Zustände des Bewusstseins oder eines sich seiner selbst bewussten Seins sind. Damit ist die Stufe einer Subjekt-Objekt-Spaltung erreicht, womit die ursprüngliche, unbewusste Einheit auseinandergebrochen ist. Zu dieser Differenzerfahrung gehört auch, dass sich der Mensch von einem Gott unterschieden weiß. Sich selbst erfahren die Menschen als »schmerzliche durchseuchte Götter«, abgeschieden und unterschieden von dem einen Gott.

Weiß das sprechende ›Wir‹ sowohl um die Vergeblichkeit, die angestrebte regressive Stufe wieder zu erreichen, was es in einem elegischen Bewusstsein in der Klage des ersten Gesangs schon formuliert hat, so auch um das, was ihm verächtlich sein muss.

In der zweiten bzw. letzten Strophe redet sich das sprechende ›Wir‹, ohne sich selbst nochmals als Sprechender zu benennen, mehr und mehr in jene Regression hinein, indem es zunächst verbindungslos, asyndetisch gereiht, verblose drei Komplexe benennt: ›weiche Bucht‹, ›Wälderträume‹, ›schneeballblütengroße und schwere Sterne‹. Ein vollständiger Satz, der die dritte Zeile bildet, folgt: »Die Panther springen lautlos durch die Bäume«, wobei dann von dem Gedicht mit diesem imaginierten Bild einer exotischen Landschaft ein Einschwingen in einen solchen regressiven Raum der Einbildung ermöglicht wird. Sich in diesem Raum aufzulösen, dazu fordern die letzten Äußerungen auf: »Alles ist Ufer«, heißt es dort. Damit ist jene Randzone benannt, die transzendiert werden muss, sodass das ›Wir‹, das hier spricht, dem Ruf des Meeres folgen kann, was auch als Appell zu lesen ist, »sich vom vereinzelnden

Bewußtseins-Ich zu lösen«[30]: »Alles ist Ufer. Ewig ruft das
Meer.« Damit wäre ein Zustand der Regression im Vollzug
des Gedichtes selbst erreicht.

»Die eingesetzten Stilmittel verfolgen durchgängig eine
suggestive Strategie, in welcher der Regressionswunsch
nicht einfach mitgeteilt, sondern zur Regression selbst ver-
führt werden soll. [...] Im Dienste der [...] einlullenden
Strategie stehen, prälogische Bilderflut simulierend, die prä-
dikatlosen Sätze oder vielmehr bloßen Nennungen, deren
assoziatives Nacheinander in Traummanier den Abschied
von rationalen Durchdringungs- und Ordnungsbedürfnis-
sen anzeigt. Der in einem Gedankenstrich mündende
Schluß signalisiert schließlich den Abbruch jeglicher
sprachlichen Artikulationsbemühung und deutet damit den
Eintritt in die Sphäre des vorsprachlichen und bewußtlosen
Glücks an. Das letzte, gerade noch aussprechbare Wort ist
bezeichnenderweise ›Meer‹ – Inbegriff des Ungeformten,
des Amorphen, der erstrebten Auflösung des Ich.«[31]

O Nacht – : (1916).

O Nacht – : (1916).   Nicht um die Regression, sondern
um die Vermehrung des Ich-Gefühls geht es in Benns Gedicht, das mit der Interjektion ›O Nacht!‹ beginnt und diesen Strophen- und Zeilenbeginn gleichsam refrainartig
noch dreifach wiederholt, nämlich zu Beginn der zweiten,
der fünften und der sechsten Strophe, und in der siebten
Strophe zu einem ›O still!‹ abwandelt.
In der ersten Zeile steht die alles Folgende in einem entsprechenden Rahmen erscheinen lassende Aussage »Ich
nahm schon Kokain«, d. h., noch bevor das Ich zu sprechen
begann, hat es ein Halluzinationen erweckendes Rausch-
mittel eingenommen, das es allmählich in eine entsprechen-
de Stimmung versetzt, deren Entwicklung der Verlauf des

30 ebd., S. 28.
31 ebd., S. 28 f.

Gedichts in seiner Abfolge nachzubilden versucht. Das Kokain verteilt sich im Blut (»und Blutverteilung ist im Gange«). Der Wunsch nach ›Überschwang‹, nach einem sich ins Extreme intensivierenden ›Ichgefühl‹ scheint dem Ich angesichts des ihm bewusst werdenden Alterungsprozesses gekommen zu sein, als eine solche Begründung lassen sich zumindest die letzten drei Zeilen der ersten Strophe lesen:

> das Haar wird grau, die Jahre fliehn,
> ich muß, ich muß im Überschwange
> noch einmal vorm Vergängnis blühn.

Was dem sprechenden Ich als Gefühl vorschwebt, artikuliert es mit aller Vorsicht und Bescheidenheit in der zweiten Strophe: es strebt nach einem ›kleinen Stück Zusammenballung‹, einem ›Abendnebel‹, einer ›Wallung von Raumverdrang, von Ichgefühl‹. Übersetzt man diese Bilder oder neologistischen Begriffe ins Herkömmliche oder Verständliche, liegt dem Ich offensichtlich an einem intensiven Selbstgefühl, das ihm so im Alltäglichen nicht zuteil wird, wozu es folglich die Nacht und das Kokain als Mittel der Transgression in einen anderen Zustand braucht. In diesem Zustand lässt die Klarheit des Bewusstseins nach (›Abendnebel‹), das Ich empfindet sich selbst als eine ›res extensa‹, ein den Raum einnehmendes und ausfüllendes Subjekt, das zugleich aber auch das gegenteilige Gefühl der Zusammenballung hat.

Die dritte Strophe entzieht sich dadurch der Verständlichkeit, dass sie vollständig auf strukturierende Prädikate oder ein einzelnes, den Sinn tragendes Prädikat verzichtet. Alle Äußerungen weisen allenfalls darauf hin, dass hier in einer oszillierenden Bewegung (›ein Hin und Her‹) unterschiedliche sinnliche Eindrücke eingefangen werden, sei es mit den ›Tastkörperchen‹ (haptischer Sinn), dem ›Rotzellensaum‹ (optischer Sinn) und dem Geruchssinn (olfaktorischer Sinn; ›mit Gerüchen‹). Was aber die Sinne aufnehmen, wird durch ›Worte-Wolkenbrüche‹, die noch ›zu tief im Hirn‹ sitzen, ›zerfetzt‹.

In der vierten Strophe hat es den Anschein, als gelinge dem Ich nunmehr endgültig das Verlassen der Alltagsrealität: »Die Steine flügeln an die Erde« – in der sechsten Strophe bittet das sprechende Ich die Nacht, sich um das ›Tag-ver-blühte‹ zu verfließen, also das Konturenscharfe des Tages aufzuheben, damit das Ich in seinem Ichgefühl nochmals entgrenzt werde und zu seinen Anfängen, ›zu Kelch und Krone‹, zurückkehren könne. Der Intellekt hat seine struk-turierende Kraft eingebüßt: er ist nurmehr ›Schädel-Fleder-wisch‹, der durch das ›Ding-Gewerde‹ taumelt, also keinen begrifflichen Halt mehr findet. Das Ich erfleht sich die Heimgeburt zu einem bewusstlosen Zustand, also doch auch die Regression, in der es – wenn auch nur für eine kurze Zeit – der ›Nervenmythe‹ entfliehen kann.

In der letzten Strophe scheint für einen Augenblick die er-sehnte ›Spange von Ichgefühl‹ erreicht zu sein: Das Erreich-te kann in klarer Sprache nicht wiedergegeben werden: das Ich wird seiner selbst ansichtig (›Gesicht‹), es ist Subjekt und Objekt zugleich (›ich: mich‹), so zumindest kommt es sich vor. Es ist wie ein Gott und erfährt sich selbst als ein sich um einen Donner sammelndes Etwas, jene ersehnte Zusammenballung des Ich zu einem einmaligen Ichgefühl.

Verlorenes Ich (1943).   Lange Zeit galt Benns Gedicht mit dem Titel *Verlorenes Ich* als ein Text, mit dem man sich vorzüglich über sich selbst und das Menschenbild der Ge-genwart verständigen konnte. Im verlorenen Ich erkannte man sein eigenes Ich wieder, die Sprache des Gedichts war die Sprache der Zeit.

Mit den titelgebenden Worten ›Verlorenes Ich‹ beginnt die erste Strophe, und die letzte Zeile der letzten Strophe nimmt diese Wörter wieder auf und setzt sie fast ans Zei-lenende. Es folgt nur noch das Wort ›umschloß‹, denn in

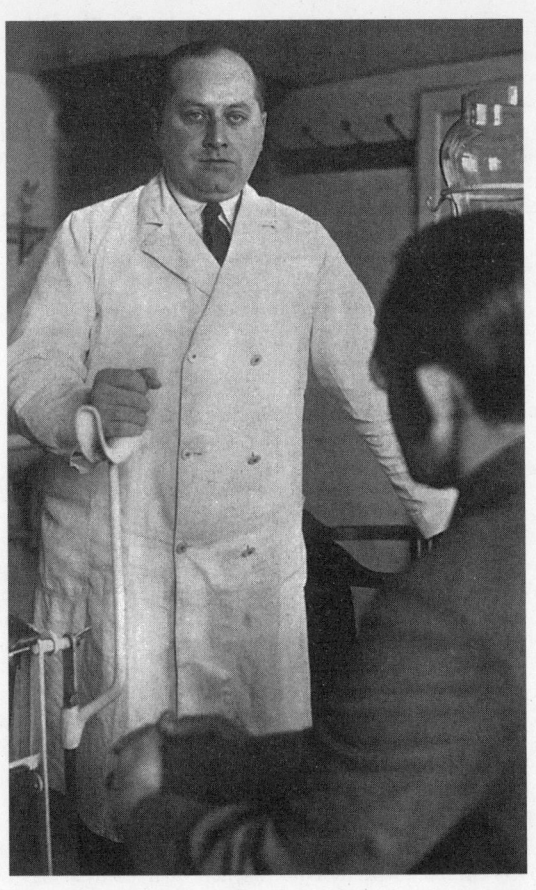

Dr. Benn in seinem Sprechzimmer,
Berlin, Belle-Alliance-Straße 12, um 1928

den letzten beiden Zeilen vor dem Gedichtende wird jenes
Umschließende genannt, das dem Ich früher seinen Halt
und seine Geborgenheit vermitteln konnte: die ›erfüllte
Stunde‹. Es wird am Ende des Gedichts also eine Zeit bzw.
eine ›erfüllte Stunde‹ in den Blick genommen, die auch das
Ich ›einst umschloß‹. Damit wird die Bedeutung der ›Verlorenheit‹ im Titel näher bestimmt. ›Verloren‹ bzw. ›Verlorenheit‹ meint hier jene Bedeutung von ›verloren‹, die man im
Sinne hat, wenn man formuliert, dass man ›sich verloren
fühle‹ oder ›ganz und gar verloren vorkomme‹.

Das Gefühl der Geborgenheit ist dem Ich in der Gegen-
wart folglich gänzlich abhanden gekommen, wie die ersten
sechs Strophen des achtstrophigen Gedichts zeigen, wobei
sich diese sechs Strophen nochmals in zwei dreistrophige
Komplexe aufteilen lassen, die in den Aussagen am Ende
der jeweils letzten der drei Strophen gipfeln (»Ewigkeiten, /
an ihren Gittern fliehst du hin«; »allein bei wem?«).

Das Ich, von dem hier die Rede ist, sieht sich von Stratosphären ›zersprengt‹, als ›Opfer des Ion‹, als ›Gamma-
Strahlen-Lamm‹, nur noch als ›Teilchen und Feld‹. Alle diese Begriffe stammen aus den modernen Naturwissenschaften, insbesondere aus der Physik. Die dort gewonnenen
Erkenntnisse haben dem Ich den Raum der Geborgenheit
genommen. Es fühlt sich verloren und zersprengt. Das Ein-
heitsstiftende ging verloren, das Ich wurde seiner Konsis-
tenz beraubt, es erfährt sich nunmehr ausschließlich in
seiner Kontingenz. Die Natur und die Sprache der Naturwissenschaften können dieses Ich nicht mehr sich selbst
verstehen lassen, die Natur und die Sprache der Naturwissenschaften entfremden das Ich sich selbst. Es sieht sich so
als Opfer, in einen Raum geworfen (›Stratosphären‹), der
aufgrund der Dimensionen ihm keine Heimat mehr bieten
kann. Es sieht sich als ›Opfer des Ion‹. Wenn man ›Ion‹ zunächst einmal aus dem Griechischen übersetzt, ist das Ich
ein ›Wanderndes‹, ›Gehendes‹, dem jede Festigkeit und jeder fest(gelegte) Ort fehlt. Das Ich sieht sich positioniert

zwischen Stratosphäre einerseits und Ion als elektrisch ge-
ladenes Teilchen andererseits (nun als naturwissenschaftli-
che Bezeichnung gelesen), das aus neutralen Atomen oder
Molekülen durch Anlagerung oder Abgabe von Elektronen
entsteht. Wie die Urbausteine der Materie sowohl als Feld
wie als Teilchen beschrieben werden können, kann sich das
Ich nicht mehr seiner eigenen Eindeutigkeit vergewissern,
begreift sich als ›Teilchen und Feld‹ zugleich, als ›sowohl
als auch‹. Und es sieht sich in die kurzwellige radioaktive
Röntgenstrahlung, Gammastrahlung, zerfallen.
Aber dabei bleibt es nicht. Indem Benn von dem ›Gamma-
Strahlen-Lamm‹ spricht, assoziiert der Leser, zumal schon
in derselben Zeile vom ›Opfer des Ion‹ gesprochen wurde,
sicherlich mit dem ›Lamm‹ auch das ›Lamm Gottes‹, das
Christus darstellt, der zur Erlösung der Menschheit von
seinem Vater wie ein Lamm geopfert wurde. Dem Ich
selbst aber bleibt diese Erlösung verborgen. Es muss ohne
diese Erlösungsperspektive leben, sich selbst als radioaktiv
verseuchtes Gamma-Strahlen-Opfer sehen lernen. Die ihm
einst durch Christus eröffnete Unendlichkeit erweist sich
der Moderne nur noch als Chimäre, als ›Unendlichkeit-
chimäre‹ auf dem grauen Stein von Notre Dame. Weder die
Geborgenheit unter dem Schutzmantel ›Unserer Lieben
Frau‹ (›Notre Dame‹) Maria, der Gottesmutter, noch die
Erlöstheit durch Christus sind dem verlorenen Ich gewiss.
Im Gegenteil, es fühlt sich verloren, weil ihm die metaphy-
sische Geborgenheit genommen wurde und es sich allein
und einsam im stratospärischen Raum vorfinden muss. Die
Unendlichkeit, das Göttliche, das einst der Orientierungspunkt war, hat sich in der Moderne in eine Form der Unendlichkeit verwandelt, die etwas Fratzenhaftes, Bedrohli-
ches und Böses angenommen hat; so verwandelt sich die
Unendlichkeit in ein groteskes, das Ungeheure verkörpern-
des, dämonisches Wesen, im wahrsten Sinne des Wortes in
ein ›Hirngespinst‹, wie es früher zur Bannung des Bösen in
den steinernen Wasserspeiern von Notre Dame Gestalt ge-

wonnen hat. »Seit die Menschen die Welt ›zerdacht‹ haben,
sind nun die ›Unendlichkeiten‹ das Grauenhafte, Entsetzli-
che, Dämonische, das das Ich bedrohend umlauert. Sie sind
ebenso unvorstellbar und unfaßbar und im Letzten unab-
bildbar, wie das Grauen, das die Menschen einst in
den Phantasiegebilden der Chimären zu verkörpern such-
ten.«[32]

Der Mensch ist aus dem natürlichen Rhythmus von Tag
und Nacht herausgefallen. Er findet keine Orientierung
mehr in den Jahreszeiten: »die Jahre halten ohne Schnee
und Furcht«. Die Zeit und der Verlauf der Zeit haben alles
Anschauliche verloren. Das verlorene Ich ist ortlos; die
ganze Welt ist eine Fluchtstätte geworden, die ihm kein
Bleiben und Verweilen gewährt. Und es kann sich nirgends
anlagern, seine Sphären ›anbreiten‹. Die dreifach anhebende
Frage nach dem Ort, der dem Ich verbleibt, wird nicht be-
antwortet: »Wo endest du, wo lagerst du, wo breiten / sich
deine Sphären an.«

Benn beginnt noch in der zweiten Hälfte der dritten Strophe mit einem neuen Bildbereich, den er über die vierte
Strophe hinweg aufrechterhält und in verschiedenen Facet-
ten durchspielt: »Das verlorene Ich ist dem Spiel von Bestien ausgesetzt, von Ewigkeiten, die wie wilde Tiere in Kä-
figen den Betrachter bedrohen und ihn, Tod und Vernich-
tung fürchtend, an den Gittern hinfliehen lassen. Das Bild
dieser Bestien Ewigkeit verselbständigt sich in der vierten
Strophe. Hier führt der Blick dieser Untiere zur Deutung
der Sterne als Kaldaunen, als Eingeweide frisch geschlach-
teter Tiere, zur Wertung des Dschungeltods als Urgrund
des Seins und zur Sicht des Menschen in seinen weltge-
schichtlichen Auseinandersetzungen (›Katalaunen‹ – eine
Neuprägung Benns zur Bezeichnung der Hunnenschlacht
auf den Katalaunischen Feldern im Jahre 451) als Fraß eben

32 Helmut Motekat, »Gottfried Benn *Verlorenes Ich*«, in: *Wege zum Gedicht*,
   hrsg. von Rupert Hirschenauer und Albrecht Weber, München/Zürich
   1956, S. 331.

dieser Bestien.«[33] In den ›Bestienschlund‹ gelangt alles: er ist die Unendlichkeit, der in sich den Raum, der aber kein Kosmos, sondern allenfalls ein Chaos ist, verschlingt, der als undurchdringlicher, weil unendlicher Dschungelraum der Seins- und Schöpfungsgrund des Menschen, aber zugleich auch der Tod ist und die geschichtlichen ›Großtaten‹ als nichtig erscheinen lässt.

Aus der Bildersprache kehrt die fünfte Strophe zu einer Sprache zurück, die verständlicher und in ihren Aussagen eindeutiger wird. Gleich zu Beginn der Strophe und damit eigentlich die Mittelachse des Gedichtes darstellend, formuliert die erste Halbzeile eine Bilanz aus all dem vorher Gesagten: »Die Welt zerdacht«. Die Welt ist nicht etwa ›gedacht‹ worden, es ist nicht über die Welt ›nachgedacht‹ worden, sondern die ungewöhnliche Formulierung meint, dass die Bemühung des Denkens und die wissenschaftliche Erkenntnis die Welt nicht bewohnbarer gemacht haben, weil sie nunmehr vertrauter und durch Aufklärung einsehbarer, erklärbarer, berechenbarer geworden wäre. Genau das Gegenteil ist der Fall, die Welt hat sich im Akt des Denkens in Unendlichkeiten im Großen wie im Kleinen zer-denken lassen. Raum und Zeit, die bislang die Kategorien menschlichen Handelns ordneten, sind in reine Funktionen und damit Relationen aufgegangen, denn eine Funktion ist eine veränderliche Größe, deren Wert von dem Wert einer anderen abhängig ist. Die Funktion ist an die Stelle des Mythos getreten, man könnte auch sagen, der Logos hat den Mythos abgelöst.

Die in mathematische Funktionen ›zerdachte‹ Welt hat sich ganz der Anschauung und sprachlichen Darstellung entzogen, sie ist abstrakt geworden und vermag nicht mehr vom Woher und Wohin des Menschen zu erzählen. Der Mythos ist als Lüge abgestempelt worden, dennoch hat der Mensch

33 Heinz Forster / Paul Riegel, *Deutsche Literaturgeschichte*, Bd. 11: *Die Nachkriegszeit. 1945–1968*, München 1995, S. 382.

das ihm eigentümliche Verlangen, sich ein ›Stichwort‹ zu borgen, ein Wort, das er als Stichwort aufgreifen und mit dem er sich und die Welt dann begreifen kann.

Mit den letzten beiden Strophen beschreibt Benn jene Zeit, die zur Moderne, zur Zeit des verlorenen Ich, den genauen Kontrast bildet. Es ist jene nunmehr vergangene Welt, in der es noch ein Sinnzentrum gab und damit einen Orientierungspunkt. Gott wurde nicht zerdacht, die Gelehrten dachten ihn, alle neigten sich zur Mitte, denn die Mitte bot ihnen die Erlösung. Sie waren nicht das Gamma-Strahlen-Lamm, sondern das Lamm Gottes nahm die Sünden hinweg und sie wussten sich durch einen sich ihrer erbarmenden Gott erlöst. Sie hatten Teil an seinem Erlösungswerk, denn das Blut, das sie tranken, war das Blut, das für sie und ihre Sünden vergossen wurde, wie es der Mythos ihnen erzählte. So wussten sie, wo ihr Ursprung zu suchen war und was ihnen die Zukunft bieten würde. Aber aus dieser Geborgenheit, aus der Wunde, fiel das Ich, verlor sich selbst, die Moderne ist der Sündenfall und der Verweis aus dem Paradies, die Verlorenheit die Strafe für den Menschen, der seinen Mittelpunkt verlor. Wo einst für alle sich die Stunde des Heils erfüllte, ist heute an die Stelle der ›alle‹ umfassenden Ganzheit die Vereinzelung und die Einsamkeit des Ich getreten.

Kommt – (1955).   Sosehr auch Benn auf das absolute Wort oder Gedicht setzt, so sehr er die dichterische Kommunikation von der Kommunikation »in sanftem Menschenhort« absetzt, ist sein absolutes Gedicht doch auch auf Mitteilung hin angelegt. Auch wenn das absolute oder statische Gedicht durch seinen Sprachduktus suggerieren will, es entziehe sich der Kommunikation und bestehe als Absolutum ohne jede Referenz zur Wirklichkeit, ist das doch nur Schein. Auch das absolute Gedicht will Mitteilung sein.

Diesen Aspekt beleuchtet Benn in seinem spät entstandenen Gedicht *Kommt*, das bereits mit dem Imperativ an den Leser/Zuhörer eine Form der Ansprache wählt und damit auf Kommunikation zielt. Es formuliert die Einladung zur Kommunikation: »Kommt, reden wir zusammen« und begründet diesen doppelten Imperativ mit der nächstfolgenden Feststellung: »wer redet, ist nicht tot«. Reden, Kommunizieren, miteinander Sprechen sind Formen der Selbstbehauptung in einer Zeit, in der die Not herrscht, sich der Einzelne bedroht fühlen muss (»es züngeln doch die Flammen / schon sehr um unsere Not«). Die zweite Strophe wiederholt nochmals die Imperative, sowohl das ›Kommt‹ als auch das ›reden wir‹, nur Letzteres wird nunmehr in ein ›sagen wir‹ modifiziert und es werden Vorschläge unterbreitet, was gesagt werden soll: ›die Blauen‹, ›das Rot‹. Farbigkeit bestimmt die Kommunikation, lässt die an der Kommunikation Teilnehmenden ›hören‹, ›lauschen‹ (als intensives Hören) und ›schauen‹, indem Gesprochenes auf etwas verweist, das sich dann der An-schauung präsentiert. Es sind diese Aktivitäten, in denen sich das Leben oder das Lebendige bezeugt.

Dem Dichter, der, wie es in *Worte* heißt, ›allein‹ ist, gelten die letzten Strophen als Appell, sich in die Kommunikation einzubeziehen. Er ist auch in diesem Gedicht als eine Person gedacht, die einsam ist, er ist ›allein in seiner Wüste‹, in seinem zur Farbigkeit der Welt im Kontrast stehenden ›Grau(n)‹ in der Landschaft der Wüste Gobi‹. In der gewollten und gesuchten Einsamkeit, dort wo er ›einsamt‹, entzieht er sich dem Leben, das aus ›Fraun‹ und aus dem ›Zwiespruch‹ wie aus ›Büsten‹ besteht, womit die Vergangenheit gemeint ist, mit der der Schriftsteller in ein Gespräch eintreten könnte. Er ist dem Zwiespruch enthoben, d. h. der Auseinandersetzung, dem Zwiespalt, der in der Kommunikation überwunden werden könnte, und damit der Zwiesprache und dem Widerspruch, der das Leben in seiner Dynamik ausmacht. Er ist außerdem von der Zweisamkeit mit den Frauen abgeschnitten, die ihn retten könnte, und das alles in einer Situation, in der sein »schwaches Boot«, mit dem er über das Meer der Einsamkeit schifft, endgültig zu kentern droht, wenn er nicht doch noch den rettenden Weg in die Kommunikation findet: denn »wer redet, ist nicht tot«, wie nochmals und damit zum dritten Mal die letzte Zeile der vierten Strophe eindringlich wiederholt.

Nur zwei Dinge (1953). Kürze und formale Strenge verleihen dem dreistrophigen Gedicht einen gnomischen Charakter. Es wirkt wie ein Spruch; die Aussagen sind apodiktisch gehalten; so lautet die zentrale, sich genau in der Mitte des Textes befindliche siebte Zeile einschränkungslos: »es gibt nur eines«, eine Formulierung, die dann wieder aufgegriffen wird, wenn aus dem Gesagten die Quintessenz gezogen wird: »es gibt nur zwei Dinge: [...].« Auf diese in den beiden letzten Zeilen sentenzenhaft formulierte Erkenntnis hin ist der Gedankengang des gesamten Gedichtes ausgerichtet: »es gibt nur zwei Dinge: die Leere / und das gezeichnete Ich.«
Der Gedankengang, der zu diesem Ergebnis führt, ist durch die Du-Anredeform und durch die Frageform wie ein Dialog angelegt. Er kann aber auch als innerer Monolog verstanden werden, den das lyrische Ich mit sich selbst führt, indem es seine Lebenserfahrung bilanziert, denn was als Erkenntnis wie ein unumstößliches Gesetz seine Formulierung findet, hat den Charakter einer Lebensbilanz. Den Eindruck, dass hier nach einem langen Leben altersweise geworden ein bilanzierender Rückblick auf das Leben erfolgt, vermitteln Formeln wie: ›so viel [...] geschritten‹; ›blieb erlitten‹; ›Kinderfrage. Dir wurde erst spät bewußt‹; ›was alles erblühte, verblich‹.
In den ersten beiden Strophen fehlt jede bildhafte Aussage. Alles ist thetisch-abstraktiv, generell-definitiv, summativ-

setzend gesagt.[34] »Jeder auch nur andeutende bildliche
Hinweis auf die historisch-aktuelle Wirklichkeit wird aus-
geklammert. Bezeichnenderweise wird im Hinblick auf
die Erfahrungsinhalte des lyrischen Subjekts nur ganz all-
gemein und abstrakt von den ›Formen‹ des ›Ich‹, ›Wir‹
und ›Du‹ gesprochen.«[35] Bei den Erfahrungsinhalten darf
durchaus assoziiert werden, dass Benn hier seine Lyrik auf
die in ihr verwandten Formen durchmustert. Das lyrische
Subjekt spricht in der Ich- oder Wir-Form, es spricht ein
Du oder sich selbst an. Wenn es auch selbstsicher und mu-
tig die verschiedenen (lyrischen Aussage-) Formen durch-
experimentierte (›durchschritt‹), hat sich doch zu guter
Letzt diese Forciertheit verloren: »alles blieb erlitten«. Das
Bewusstsein, alles aktiv versucht zu haben, verliert sich; an
seine Stelle tritt das Bewusstsein der Passivität. Die Selbst-
sicherheit scheitert an der Sinnfrage, »der ewigen Frage:
wozu?«. Aus der Retrospektive des Alters erweist sich diese Frage als eine Kinderfrage; im Alter wird »erst spät« bewusst, dass alles (hier besonders eng zusammengestellt
durch die dreifache Alliteration des s-Lautes), die Suche
nach ›Sinn‹, die auf ein Ziel der Befriedigung ausgerichtete
›Sucht‹ oder die der ›Sage‹ folgende Sinnsetzung (wobei
diese hier versuchte Paraphrasierung ausgesprochen riskant
ist) falsche Lebensperspektiven sind, denn alles, so erweist
sich im Alter, steht unter einem dem Individuum zugemes-
senen, fernbestimmten Muss, das nur in demütiger Erge-
benheit ertragen werden kann (»es gibt nur eines: ertrage
[…] dein fernbestimmtes: Du mußt«).
Die dritte Strophe wiederholt nochmals den Spannungs-
bogen, den schon die erste und zweite Strophe zueinander
formulierten: zunächst die Hoffnung auf ein zielgerichtetes,
einer Teleologie folgendes Leben, dem die jähe, desillusio-
nierende Erkenntnis folgt, dass man unter dem Gesetz des

---

34 Siehe Theo Meyer, *Kunstproblematik und Wortkombinatorik bei Gottfried
Benn*, S. 342.
35 ebd.

fernbestimmenden Schicksals steht. Drei aneinander gereihte Substantive (›Rosen‹, ›Schnee‹, ›Meere‹), die Chiffren sind, aber nicht gestatten, aus ihnen einen erkennbaren einheitlichen Bildzusammenhang herzustellen, deuten auf einen Lebensaufschwung und eine zielgerichtete Bewegung hin, die aber abgebrochen wird. Rosen, Schnee und Meere sind ›verblichen‹: »es gibt nur zwei Dinge: die Leere / und das gezeichnete Ich«. Lebensbilanz ist: die Existenz ist sinnlos. Dies ist das Schicksal des Menschen, sein fremdbestimmtes Muss, das als Bestimmung hinzunehmen ist. Die Existenz ist nicht auf einen Sinn hin ausgelegt oder auslegbar. Das Ich trägt gleichsam ein Kainszeichen; es ist ›gezeichnet‹ mit der Leere, die ihm gegenübersteht. Es ist auf sich selbst geworfen, kein Sinn ist ihm vorgegeben. Das Ich ist ›sinn‹-los und leer. »Das Verhältnis von Welt und Ich ist reduziert auf die Dissonanz von ›Leere‹ und ›Ich‹. Zwischen der ›Leere‹ und dem ›Ich‹ haben sich alle Sinnbezüge definitiv aufgelöst. Es bleibt nur noch die Möglichkeit, diese Situation in spruchhaften Selbstvergewisserungsformeln festzuhalten. Die Reduktion der Selbstaussprache auf das Verhältnis von ›Leere‹ und ›Ich‹ verdeutlicht den unüberbrückbaren Abstand dieses ›modernen‹ lyrischen Subjekts von den tradierten Formen des lyrischen ›Ich‹.«[36]

Reisen (1950).   Eine für Benn in der Verwendung von typischen Elementen der Lyrik ungewöhnliches Gedicht liegt mit diesem Text vor. Es ist vierstrophig, jede der vier Strophen umfasst vier Zeilen, die sich, mit Ausnahme der ersten Strophe, wo sich nur die zweite und vierte Zeile reimen, in Form des einfachen Kreuzreims reimen, wobei die klanglichen Bindungen innerhalb der Zeile häufig noch durch Alliteration unterstützt werden (z. B. ›Wunder und Weihen‹; ›Lidos, Laan‹; ›vergeblich das Fahren‹). Jede Zeile weist

36 ebd., S. 343.

überdies drei Hebungen auf, die Senkungen füllen eine oder zwei unbetonte Silben (1. Zeile: XxxXxxXx; 3. Zeile: XxXxxXx; 5. Zeile: XxxXxXx). Zum strengen Bau des Gedichtes gehören auch die anaphorisch gebauten ersten beiden Strophen, die mit einer Frage anheben: »Meinen Sie [...] ?«

Das Gedicht setzt demnach an, als wäre es ein Dialog; ein direktes Gegenüber wird angesprochen, ein ›Sie‹, das gefragt wird, ob es meine, dass ›Zürich‹ eine ›tiefere Stadt‹ sei. »Die ›Sie‹-Anrede sieht bewußt ab von der subjektiven Konfession, dem persönlichen Stimmungston und dem empfindungslyrischen Erlebnis und ist Ausdruck eines unpersönlichen Reflexionstons, einer objektivierenden Bestandsaufnahme und einer intellektuellen Distanz. Zugleich aber ist sie, gerade aufgrund ihrer Distanziertheit, eine besondere Form der Selbstaussprache des modernen lyrischen ›Ich‹, das ja auch in der Schlußstrophe ausdrücklich genannt ist. Die unpersönliche ›Sie‹-Form ist eine Verallgemeinerungsformel und zugleich eine lyrische Maske.«[37]

Es gibt keinen Hinweis auf den vorhergehenden Verlauf des Gespräches; er muss aus dem Gesagten rekonstruiert werden, was aber unmöglich ist, wenn man ausschließlich die ersten drei Strophen nimmt. Sie ähneln sich zwar insofern, dass mit drei Angaben (›Zürich‹, ›Habana‹, ›Bahnhofstraßen‹) mehr oder weniger eindeutige Orte markiert, dass mit ‚Boulevards‹, ›Lidos‹ und ›Laan‹ verschiedene Nationen gemeint sind und mit der Nennung der New Yorker Fifth Avenue zwar wieder ein bestimmter Ort gemeint zu sein scheint, der sich aber schließlich dadurch entkonkretisiert, dass die Fifth Avenue in den Plural gesetzt wird (›auf den Fifth Avenueen‹). Aber rätselhaft bleibt doch, worum es in dem Gespräch geht, wenn in der ersten Strophe bei Zürich gefragt wird, ob der Angesprochene meine, dass diese Stadt ›tiefer‹ sei und ›Wunder und Weihen als Inhalt‹ habe. Eben-

---

37 ebd., S. 340.

falls bleibt zunächst unbestimmbar, was Habana und ein
›ewiges Manna‹ miteinander zu tun haben könnten, das als
Brot die Wüstennot des Angesprochenen lindern könnte.
Eindeutiger und nachvollziehbar scheint dann schon das
Ende der dritten Strophe zu sein, wenn dort von der den
Angesprochenen überfallenden Leere auf den verschiedens-
ten Straßen in den verschiedensten Gegenden der Welt die
Rede ist.

Mit der ersten Aussage in der vierten Strophe wird dann
klar, dass in den vorangegangenen drei Strophen offensichtlich Suchbewegungen gemeint sind, die vergeblich bleiben.
Das angesprochene ›Sie‹ hat sich auf seinen Fahrten vergeblich darum bemüht, etwas zu erfahren. Es ist zunächst ein
Wortspiel: ›vergeblich das Fahren / Spät erst erfahren Sie
sich‹.

D. h.: In der Ausdehnung in die Weite, durch mehrfaches
Fahren – auf Reisen – gewinnt das Ich nichts an Selbst*erfahrung*. Entgegen der landläufigen Meinung, dass Reisen
bilde und der Kontakt mit dem Fremden den Reisenden
über sich selbst aufkläre, verständigt sich das sprechende
Ich im Dialog mit dem angesprochenen ›Sie‹ darüber, dass
man im Reisen nicht zu der Selbsterfahrung kommt, sondern dass es nach vielen Reisen über eine lange Zeit hinweg
eine späte Erfahrung, eine Erfahrung des Alters und des
Alterns ist, dass erst das sich umgrenzende Ich sich selbst
erfährt; man wird nur seiner inne, indem man die Hektik
der Veränderung ablegt und in der Stille zu sich kommt,
bleibt und sich bewahrt. Nur so ist ein ›Erkenne dich
selbst‹ möglich. Keiner der erfahrenen Orte ist in der Lage,
Wunder und Weihen oder gar Manna zu spenden, es sind
Orte der Leere, an denen sich das Ich nicht finden kann.

Man erkennt nun den Aufbau des Gedichtes, das sich auch
als Monolog lesen lässt, den das Ich an sich selbst in der
Form des ›Sie‹ richtet: »Im Nacheinander von offener Frage, apodiktischer Antwort und fazitziehendem Spruch ent-
faltet sich die Sprachbewegung, die freilich schon in den

ersten drei Strophen das spruchhafte Element zeigt, von der montageartigen Evokation der Zivilisationswirklichkeit (Str. 1–3) zur monologischen Selbstvergewisserungsformel (4. Str.).«[38] In der Nennung des Ich gipfelt das Gedicht: »das sich umgrenzende Ich«.

Menschen getroffen (1955). Eines der letzten Gedichte von Benn ist *Menschen getroffen*, das in der Überschrift jene Aussage wiederholt, die sowohl am Beginn der ersten und der zweiten Strophe jeweils die erste Zeile bildet (›Ich habe Menschen getroffen‹), dann folgt noch ein Relativpronomen ›die‹, und in den nun folgenden Zeilen der Strophen wird der so eingeleitete Relativsatz weitergeführt und bildet den Rest der acht- oder siebenzeiligen Strophe. Die Strophe selbst besteht also im Wesentlichen aus einer Erläuterung dessen, welche Menschen denn nun das ›Ich‹ getroffen hat.

Das Ich bilanziert, denn – aber das verraten erst die letzten Worte der letzten Zeile der insgesamt nur drei Zeilen umfassenden dritten Strophe – dort heißt es: »und muß nun gehn«.

Was beschrieben wird, sind alltägliche Begegnungen mit Menschen, die hier nochmals vor dem endgültigen Abschied, dem Tod, Revue passieren. Alltäglich wie die Menschen und Begegnungen ist auch die Diktion des Gedichts. Es verzichtet so ganz auf jeden lyrischen Schmuck, kein Reim, kein festes Metrum, keine Assonanzen oder Alliterationen, die sonst noch bei Benn die Binnenbindung innerhalb der einzelnen Zeile oder die Verbindung zwischen den Zeilen schaffen konnten. Die Sprache nähert sich ganz und gar der Prosa an, so dass nicht einmal die Aufnahme scheinbar zitierter wörtlicher Rede, die Hereinnahme von Dialogpartikeln aus ganz alltäglichen Unterhaltungen auf-

38 ebd., S. 338 f.

fällig wirkt oder sich in einen Gegensatz zum sprachlichen
Rahmen des Kontextes setzt. Als Gedicht ist *Menschen getroffen* nur noch durch die Zeile identifizierbar, aber auch
die Zeile wird nicht etwa systematisch zu Enjambements
genutzt; alles wirkt bewusst unkünstlich, eben prosanah,
dem Alltag verpflichtet. Und dennoch gewinnt das Gedicht
gerade durch seine Prosanähe oder Lakonie einen unverwechselbaren Ton. Es herrscht ein Ton der Verzögerung
durch die Zeile; hier wird nachdenklich und verhalten gesprochen. Es ist kein Pathos mehr in der Sprache, keine
Überhöhung, nur ein vorsichtiges Tasten in der Beschreibung der Alltagsbegegnungen mit Menschen, die hier rück-
blickend vergegenwärtigt werden. Es scheint so, als spreche
dieses Ich selbst so schüchtern, wie die Menschen ihm gegenüber sich schüchtern verhalten, wenn es ihnen begegnet.
Diese Menschen, so charakterisiert es sie, sprechen, »wenn
man sie nach ihrem Namen fragte«, nur schüchtern die
Antwort aus: »als ob sie gar nicht beanspruchen könnten, /
auch noch eine Benennung zu haben«.
Diese Menschen sind bescheiden. Sie kommen dem Ich,
ohne dass es dazu irgendeinen einsichtigen Grund gäbe, mit
aller Vorsicht entgegen, drängen sich ihm nicht auf, wollen,
wenn sie ihren Namen nennen, nicht einmal das ›Erinne-
rungsvermögen‹ des Fragenden ›belasten‹.
Es ist nicht ganz eindeutig zu bestimmen, ob die Menschen, von denen in der zweiten Strophe die Rede ist, die
›getroffenen Menschen‹ der ersten Strophe sind. Es bedarf
auch nicht dieser Eindeutigkeit, denn was den Menschen
der ersten und zweiten Strophe gemeinsam ist, ist ihre Bescheidenheit und zugleich die reine Stirn der Engel, die sie
tragen. Sie sind vom Geheimnisvollen umgeben, tragen ein
Geheimnis mit sich, sei es, dass der Sprecher sich nicht erklären kann, wie sie, die mit vier Geschwistern und den El-
tern in einer Stube aufwuchsen und unter den schwierigs-
ten Bedingungen lernten (›die Finger in den Ohren‹, um
nicht durch die anderen gestört zu werden), ›hochkamen‹,

Gottfried Benn, 10. April 1956

sei es, dass er beobachtet, wie diese Menschen ›äußerlich schön und ladylike wie Gräfinnen‹ emporwuchsen, sich aber innerlich doch eine Sanftheit und einen Fleiß wie Nausikaa bewahrten.

So bleibt nach der Begegnung mit diesen Menschen das Geheimnis, denn bis zum Ende hin kann sich das lyrische Ich nicht erklären, woher ›das Sanfte und das Gute‹ in diesen Menschen kommt. Es hat nur in der Begegnung etwas von diesem Sanften und Guten verspürt. Diese Menschen beanspruchen für sich keine Benennung und auch das Ich benennt sie nicht, begreift sie nicht, lässt sie im bewundert Geheimnisvollen ruhen, ohne sie durch Benennung oder Begreifen zu ›vergewaltigen‹ und zu beherrschen.

Vielleicht wird man aber auch noch Folgendes vermuten dürfen. Von Nausikaa ist die Rede, jener Königstochter, die fleißig die Wäsche mit ihren Gefährtinnen am Strand wäscht und als der verwildert aussehende Odysseus, an den Strand gespült, sich ihr nähert, nicht flieht, sondern Odysseus empfängt und bekleidet, ihm also eine Heimstatt gewährt, einen Ort der Ruhe. Menschen, die das Ich getroffen hat, sind vielleicht auch solche Menschen, auf die zu treffen ihm, dem Odysseus, für einen Moment Ruhe gegeben haben.

Exkurs: Benns Überlegungen zur modernen Lyrik

Mit den *Statischen Gedichten* hat Benn eine Sammlung von Gedichten vorgelegt, deren Abweichung von der ›gängigen‹, traditionell gepflegten Lyrik ihm voll bewusst war. Es waren für ihn Zeugnisse einer modernen Lyrik, deren Fundamente und deren Art er poetologisch zu umschreiben versuchte. Am bekanntesten ist wohl der berühmte und für die Nachkriegslyrik dann so wichtige Marburger Vortrag über die *Probleme der Lyrik* geworden. Den in diesem Marburger Vortrag, der für die Zeitgenossen den Charakter eines Manifestes annahm, abgehandelten Problemkomplex hat Benn allerdings später nochmals in einer Rundfunkdiskussion am 15. November 1955 zusammengefasst. In einer Diskussion mit Reinhold Schneider über das Thema *Soll die Dichtung das Leben bessern?* legte Benn sein poetologisches Selbstverständnis dar. Schon 1930 hatte er sich unter einem ähnlich lautenden Titel *Können Dichter die Welt verändern?* zu diesem Fragenkomplex geäußert und – wie auch in den späteren Beiträgen – diese Frage verneint. Dichtung, so hatte Benn damals gesagt, ›erwirkt‹ das äußerste Bild von einer letzten dem Menschen erreichbaren Größe: »Diese Größe will nicht verändern und wirken, diese Größe will sein« (7,1678). Der Dichter ist monoman; was er als Poesie hervorbringt, ist ›autonom‹. Das Gedicht ist ›absolut‹, lösgelöst also von jeder Wirklichkeitsdarstellung oder -abbildung, es ist selbst Wirklichkeit, die eigentliche Wirklichkeit, die Wortwirklichkeit.

In dem Rundfunkbeitrag formuliert Benn zweieinhalb Jahrzehnte später entsprechend:

»Der Kunstträger ist statistisch asozial, weiß kaum etwas von vor ihm und nach ihm, lebt nur seinem inneren Material, für das sammelt er Eindrücke in sich hinein, zieht sie nach innen, so tief nach innen, bis es sein Material berührt, unruhig macht, zu Entladungen treibt. Er ist uninteressiert an Verbreiterung, Flächenwirkung, Aufnahmesteigerung, an Kultur. Er ist kalt, das Material muß kaltgehalten werden, er muß die Gefühle, die Räusche, denen die anderen sich menschlich überlassen dürfen, formen, das heißt härten, kalt machen, dem Weichen Stabilität verleihen. [...] Der Kunstträger wird in Person nirgendwo hervortreten und mitreden wollen, für Bessern vollends hält er sich in gar keiner Weise für zuständig« (4,1151).

Das Gedicht ist für Benn »monologisch« (4,1156). Wollte man dem Dichter zumuten, die Welt zu bessern, so ist das zwar eine humane, hoffnungsdurchtränkte Forderung, aber sie verkennt völlig, dass, »wer dichtet, gegen die ganze Welt steht«, wobei ›gegen‹ hier nicht ›feindlich‹ heißt (vgl. 4,1154):

»Das moderne Gedicht, das absolute Gedicht ist das Gedicht ohne Glauben, das Gedicht ohne Hoffnung, das Gedicht an niemanden gerichtet, ein Gedicht aus Worten, die [die Leser] faszinierend montieren. Und doch kann es ein überirdisches, ein transzendentes, ein das Leben des einzelnen Menschen nicht verbesserndes, aber ihn übersteigerndes Wesen sein. Wer hinter dieser Behauptung und dieser Formulierung weiter nur Nihilismus und Laszivität erblicken will, der übersieht, daß noch hinter Faszination und Wort genügend Dunkelheiten und Seinsabgründe liegen, um den Tiefsinnigsten zu befriedigen, daß in jeder Form, die fasziniert, genügend Substanzen von Leidenschaft, Natur und tragischer Erfahrung leben. [...] Die Dichtung bessert nicht, aber sie tut etwas viel Entscheidenderes: sie verändert. Sie hat keine geschichtlichen Ansatzkräfte, wenn sie reine Kunst ist, keine therapeutischen und pädagogischen Ansatzkräfte, sie wirkt anders: Sie hebt die Zeit und die Geschichte auf, ihre Wirkung geht auf die Gene, die Erbmasse, die Substanz – ein langer innerer Weg. Das Wesen der Dichtung ist unendliche Zurückhaltung, zertrümmernd ihr Kern, aber schmal ihre Peripherie, sie berührt nicht viel, das aber glühend. Alle Dinge wenden sich um, alle Begriffe und Kategorien verändern ihren Charakter in dem Augenblick, wo sie unter Kunst betrachtet werden, wo sie sie stellt, wo sie sich ihr stellen. Sie bringt ins Strömen, wo es verhärtet und stumpf und müde war, in ein Strömen, das verwirrt und nicht zu verstehen ist, das aber an Wüste gewordene Ufer Keime streut, Keime des Glücks und Keime der Trauer, das Wesen der Dichtung ist Vollendung und Faszination« (4,1156 f.).

Benn wendet sich gegen die Annahme, ein Gedicht entstehe. Es wird vielmehr gemacht, ist Konstrukt, nicht Expression, nicht das Wort gewordene Erlebnis, wie es etwa durch Diltheys Schrift *Das Erlebnis und die Dichtung* nahe

gelegt worden ist. Das Gedicht verdankt sich nicht irgendeiner Inspiration, es ist nicht der sprachliche Ausdruck eines Augenblickseindrucks oder die sprachliche Wiedergabe
einer momentanen Stimmung, sondern etwas mit dem Kalkül Gemachtes. Es ist ein Kunst-Produkt, das sich einem
langen Schöpfungs- bzw. Arbeitsprozess verdankt. Es ist
reine Artistik, wobei Benn dieses Wort anders gebraucht,
als es meist im Deutschen gebraucht wird:
»Ich gebrauchte vorhin« – so erläutert Benn in seiner Marburger Rede die Begriffsverwendung – »zur Charakterisie-
rung des modernen Gedichts den Ausdruck Artistik und
sagte, das sei ein umstrittener Begriff – in der Tat, er wird
in Deutschland nicht gern gehört. Der durchschnittliche
Ästhet verbindet mit ihm die Vorstellung von Oberfläch-
lichkeit, Gaudium, leichter Muse, auch von Spielerei und
Fehlen jeder Transzendenz. In Wirklichkeit ist es ein ungeheuer ernster Begriff und ein zentraler. Artistik ist der Versuch der Kunst, innerhalb des allgemeinen Verfalls der Inhalte sich selbst als Inhalt zu erleben und aus diesem Erlebnis einen neuen Stil zu bilden, es ist der Versuch, gegen den
allgemeinen Nihilismus der Werte eine neue Transzendenz
zu setzen: die Transzendenz der schöpferischen Lust«
(4,1064).
Das Gedicht will demnach nicht Kommunikation sein, will
keine Inhalte oder gar Werte vermitteln, will nicht bessern
oder das Leben gar verändern. Es verweist auf keinen Sinn,
sondern es setzt sich selbst als sprachliches, durchgeformtes
Gebilde als Sinn in einer Welt, in der Inhalte und Werte
und jeder Bezug auf ein Sinn stiftendes Transzendentes verloren gegangen sind. Der Autor will nicht jemandem mit
seinem Gedicht eine Botschaft unterbreiten; er will nicht
wirken; sondern, da das Gedicht monologisch ist, verspürt
der Autor zunächst in sich einen »dumpfen schöpferischen
Keim« (4,1070) und Worte, »seine Worte« (ebd.), die er zur
Verfügung hat. Aus der Spannung zwischen Keim und
Worten entwächst allmählich der Text, der als Konstrukti-

onsvorgang ein Wortfindungsprozess ist. Benn beschreibt diesen Prozess wie folgt:

»Irgend etwas in Ihnen schleudert ein paar Verse heraus oder tastet sich mit ein paar Versen hervor, irgend etwas anderes in Ihnen nimmt diese Verse sofort in die Hand, legt sie in eine Art Beobachtungsapparat, ein Mikroskop, prüft sie, färbt sie, sucht nach pathologischen Stellen. Ist das erste vielleicht naiv, ist das zweite ganz etwas anderes: raffiniert und skeptisch. Ist das erste vielleicht subjektiv, bringt das zweite die objektive Welt heran, es ist das formale, das geistige Prinzip.

Ich verspreche mir nichts davon, tiefsinnig und langwierig über die Form zu sprechen. Form, isoliert, ist ein schwieriger Begriff. Aber die Form *ist* ja das Gedicht. Die Inhalte eines Gedichtes, sagen wir Trauer, panisches Gefühl, finale Strömungen, die hat ja jeder, das ist der menschliche Bestand, sein Besitz in mehr oder weniger vielfältigem und sublimem Ausmaß, aber Lyrik wird daraus nur, wenn es in eine Form gerät, die diesen Inhalt autochthon macht, ihn trägt, aus ihm mit Worten Faszination macht. Eine isolierte Form, eine Form an sich, gibt es ja gar nicht. Sie ist das Sein, der existentielle Auftrag des Künstlers, sein Ziel. In diesem Sinne ist wohl auch der Satz von Staiger aufzufassen: Form ist der höchste Inhalt« (4,1071 f.).

Der Künstler erstrebt also die artistische Form, die fasziniert, die den Sinn und die Bedeutung dem Inhalt erst verleiht, ja selbst Sinn und Bedeutung ist.

»Aus all dem kommt das Gedicht [...]: das absolute Gedicht, das Gedicht ohne Glauben, das Gedicht ohne Hoffnung, das Gedicht an niemanden gerichtet, das Gedicht aus Worten, die Sie faszinierend montieren« (4,1088).

Benn sieht in der modernen Kunst – und seine Sicht beschränkt sich nicht nur auf die moderne Lyrik, sondern schließt auch die Prosa mit ein – eine Tendenz, die sich sehr konsequent in der avantgardistischen, nicht in der trivialen Kunst seit den ersten Jahrzehnten des 20. Jahrhunderts im-

mer klarer durchsetzt: eine Tendenz »gegen das nur Ge-
fühlte, das Dumpfe, das Romantische, das Amorphe, gegen
offengelassene Flächen, gegen andeutende Interpunktion«
(3,872). Die Avantgarde steht dagegen ein »für: völlig
Durchgearbeitetes, Klargestelltes, Hartgemachtes, hartge-
macht durch Arbeit, äußerste Präzision in der Materialver-
wertung, Anordnung, strengste geistige Durchdringung. Es
ist eine Wendung gegen Innenleben, guten Willen, pädago-
gische oder rassische Nebentendenzen zugunsten des Gestalt Annehmenden und dadurch anderen Gestalt Aufzwin-
genden: zum Ausdruck.
Es ist bekannt, wie dieser neue Stil plötzlich in allen Län-
dern der weißen Rasse gleichzeitig dawar unter den verschiedensten Benennungen. Seine Deutung ist heute völlig
klar: Kunst machen heißt, das dumpfe völkische Innenleben säubern, die letzten nachantiken Substanzreste auflö-
sen, die Säkularisation des mittelalterlichen Menschen vollenden. Also antifamiliär, antiidealistisch, antiautoritär. Au-
torität ist allein der Wille zum Ausdruck, die Sucht zur
Form, die innere Ruhelosigkeit, bis die Gestalt zu den Pro-
portionen durchgearbeitet ist, die ihr zukommen« (ebd.).
So hatte es Benn bereits in einem früheren Essay *Kunst und
Drittes Reich* formuliert.
Benn beruft sich bei diesen Ansichten immer wieder auf
Nietzsches Überlegungen aus dem *Willen zur Macht*, wenn
er eine »antimetaphysische Weltanschauung« sucht und
diese glaubt in einer »artistischen« zu finden. Er sucht nach
einem Weg aus dem Nihilismus, den »Wertverlusten, seinen
Süchten, Räuschen, wüsten Rätseln«. Ein »letzter Ausweg«,
das »Ziel, der Glaube, die Überwindung hieße dann: das
Gesetz der Form. [...] Raumgefühl, Proportion, Realisie-
rungszauber, Bindung an einen Stil. Also ästhetische Werte
in Deutschland, Artistik« (3,723).
Für Benn ist der Künstler »a priori geschichtlich unwirk-
sam, rein seelisch phänomenal«. Darum muss auch der
Künstler »allen historischen Kategorien [...], der Macht

und ihrer Entfaltung, dem Gesellschaftlichen und Forensischen, den Begriffen der Entwicklung und des Fortschritts als einer rein naturalistischen Vorstellungsmethode« entrückt werden (3,634). Das Ich des Künstlers gehört nach Benns Auffassung nicht seinem Jahrhundert an. Der Künstler ist nicht Kind seiner Zeit, sondern seiner Zeit enthoben.

Poetologische Gedichte

Benn hat nicht nur in seinen Essays und Reden Rechenschaft über sein poetisches Geschäft gegeben, sondern den poetologischen Reflexionen selbst poetologische Gedichte an die Seite gestellt, so das programmatische Gedicht, das titelgebend für eine Sammlung seiner Lyrik wurde *Statische Gedichte*, so aber auch seine Gedichte *Verse, Ein Wort, Worte, Gedichte, Satzbau, Einsamer nie* u. a.

Ein Wort (1943). Es ist ein poetologisches Gedicht. Es ist aus der Reflexion entsprungen und verdichtet diese nochmals wie in einem Spiegelglas, indem es die Reflexion auf das Wesentlichste verkürzt und zugleich selbst ein Exempel für die poetologische Reflexion darstellt. *Ein Wort* taucht erstmals in einer hektographierten Sammlung *Biographische Gedichte* auf, die auf »Weihnachten 1941« datiert ist, dann erscheint es in einem Privatdruck *Zweiundzwanzig Gedichte* (August 1943) und schließlich 1948 in den *Statischen Gedichten*.
In dem Gedicht ist »weder ein persönlicher Sprecher noch auch ein Adressat auszumachen, vielmehr bestimmt die Anonymität eines allgemeinen Lehrsatzes, der einen Sachverhalt konstatiert, die Aussagestruktur. Die beiden vierzeiligen Strophen enthalten jeweils eine Aussage über die Eigentümlichkeit des (dichterischen) Wortes, ohne anzudeu-

»Ein Wort« (1943), Handschrift Benns

ten, an wen sie gerichtet oder von wem sie gesprochen sein soll.«[39]

Dem Einzelwort, aber auch dem Satz gesteht Benn zu, »jähen« Sinn oder »erkanntes Leben« zu formulieren. In dem Einzelwort oder in der Einzelaussage entbirgt sich der Sinn, wird das Leben auf den Begriff gebracht, aber nicht diskursiv, sondern in Abbreviatur, chiffrengleich. Das Wort entbirgt den Sinn des Seins oder Lebens, lässt ihn kurz aufscheinen, verbirgt ihn aber zugleich auch schon wieder, indem der Lebenssinn oder die Erkenntnis chiffriert bzw. verschlüsselt wird. Nur im Wort leuchtet unmittelbar das Erkannte auf, das Erkennen zieht sich in der chiffrierten Aussage zusammen, lässt alles unausgesprochene, nicht besprochene Sein für einen Augenblick verstummen: »die Sonne steht, die Sphären schweigen«. Das geschaffene poetische Wort ist die eigentliche sinnvolle Schöpfung, der

39 Siehe Anm. 18, S. 52.

Moment des ›Es werde Licht‹. Diese Erhellung dauert aber
nur kurz. Es ist wie ein Komet, der verglüht und erlischt.
Die zweite Strophe setzt nochmals mit Lichtmetaphern ein,
die selbst solche Chiffren sein wollen: ›ein Glanz‹, ›ein
Flug‹, ›ein Feuer‹, ›ein Flammenwurf‹, ›ein Sternenstrich‹.
Sie alle betonen das Punktuelle, das an den Augenblick ge-
bundene Aufleuchten, dem ein Dunkel folgt. Wo für einen
Augenblick der Sinn aufschien, wo für einen Moment Erkenntnis war, tritt das Dunkel wieder in sein Recht,
herrscht sinnloser, sinnentleerter Raum, der die Welt und
das Ich umgibt. Ich und Welt kommen nicht mehr zueinander, der leere Raum ist ›ungeheuer‹, weil sich die Welt nicht
dem Ich vermittelt, alles sinnlos und unerkannt bleibt. Nur
das Wort ist erhaben, nicht mehr die Sonne, nicht mehr die
Sphären. Vor dem Glanz des Wortes, der letzten erhabenen
Größe, »erstarrt und verstummt die sinnlose Bewegung des
Weltalls, Zeit steht still. Das poetische Wort ist die eigentliche Sonne, die Licht, Bedeutung ins dunkle Dasein bringt,
Bewegung, jähen Sinn hervorbringt. [...] In der ästhetischen Konstellation erst scheint Sinn auf. Doch der jähe
Sinn, den die Chiffre stiftet, Schönheit, ist nur ein ewiger
Augenblick, Leuchtturm im dunklen Meer, der das lyrische
Ich eine kurze Zeit im Faszinationszustand lyrischer Produktion aus dem leeren Raum um Welt und Ich heraus-
zieht. Poetische Schönheit als einziger Inhalt, als letzte
Substanz des Ichs und der Welt!«[40]
Aus der Sinnlosigkeit ragt einzig jener ekstatische Augenblick der Wortschöpfung heraus; es ist der Moment der in-
tuitiven, nicht diskursiven Erkenntnis, wie auch das Gedicht in seiner Aussageform, die meist das Verb bzw. Prädikat zugunsten des gesetzten Substantivs unterschlägt und
damit den Sinn der Aussage vieldeutig macht, eher dahin
tendiert, auf die durch Reim, Metrum, Rhythmus, Asso-

---

40 Hiltrud Gnüg, *Entstehung und Krise lyrischer Subjektivität. Vom klassi-
schen lyrischen Ich zur modernen Erfahrungswirklichkeit*, Stuttgart 1983,
S. 224.

nanzen und Alliterationen erzeugte Wort-Gestaltung zu setzen, die einen Assoziationsraum eröffnen soll, als durch diskursive Explikation über das Wesen des Gedichts zu belehren.

Benn fordert in dem Gedicht die chiffrierte Sprache und realisiert sie in seinem Gedicht zugleich. »Die Worte ›Feuer‹ oder ›Flug‹ oder ›Glanz‹ als solche sind unpoetisch; aber in der rhythmischen Reihung mit ihren Alliterationen, in der variierenden Wiederholung der einen Idee in immer neuen Bildern spiegelt sich die Faszination des wortbegeisterten lyrischen Subjekts, vermittelt es sinnlich-ästhetisch die plötzliche Leuchtkraft des poetischen Wortes.«[41]

Das Gedicht selbst nimmt für sich in Anspruch, absolute Dichtung zu sein als »ein ästhetischer Kosmos im leeren Raum, zweckfreie Schönheit des Wortes als letzter metaphysischer Sinn in einer verdinglichten Welt, – das ist das ästhetische Credo Benns«[42]. Benn selbst hat es einmal andernorts so formuliert:

»Worte, Worte – Substantive! Sie brauchen nur die Schwingen zu öffnen und Jahrtausende entfallen ihrem Flug. Nehmen Sie Anemonenwald, also zwischen Stämmen feines, kleines Kraut, ja über sie hinaus Narzissenwiesen, aller Kelche Rauch und Qualm, im Ölbaum blüht der Wind und über Marmorstufen steigt, verschlungen, in eine Weite die Erfüllung – oder nehmen Sie Olive oder Theogonien: Jahrtausende entfallen ihrem Flug. Botanisches und Geographisches, Völker und Länder, alle die historisch und systematisch so verlorenen Welten hier ihre Blüte, hier ihr Traum – aller Leichtsinn, alle Wehmut, alle Hoffnungslosigkeit des Geistes werden fühlbar aus den Schichten eines Querschnitts von Begriff« (8,1879 f.).

41 ebd.
42 ebd.

Worte (1955). Vom poetischen ›Wort‹ als »Träger und Medium punktueller Totalerkenntnis«[43] spricht auch das vierstrophige Gedicht *Worte*. Allerdings stellt es den Schaffensprozess der ›Worte‹, den Such- und Findungsprozess durch den Dichter in den Mittelpunkt. Während *Ein Wort* ganz auf die Erkenntnis stiftende Leistung des Wortes abhebt, ohne an den ›Wort‹-Schöpfer zu denken, lenkt *Worte* seine Aufmerksamkeit auf den Dichter, der als Wortschöpfer »allein« sich weiß, wie es gleich mit dem ersten Wort heißt und diese produktive Einsamkeit aushalten muss, denn sie nimmt ihn aus der Alltagskommunikation heraus, in der der Mitteilungszweck dominiert, dessen sich das poetische Wort als ein Absolutes enthoben hat. Es verweigert jeden referentiellen Bezug zur ›Wirklichkeit‹ und schafft statt dessen eine ›Wort-Wirklichkeit‹.

Während der Dichter sich ›hier‹ befindet, sich ›Jahre um Jahre‹ erfolglos damit quält, das ›richtige‹ Wort zu finden, indem er den Worten in die ›Seele sieht‹ und dabei nach dem ›Vor- und Urgesicht‹ der Worte sucht, kommuniziert ›drüben‹ in ›sanftem Menschenhort‹ ›unbedenklich‹ der einzelne Mensch mit seinem Mitmenschen. Das unbedenkliche Wort stiftet Leben, Dynamik, der Dichter bleibt einsam, ohne jeden Bezug zu den das Wort unbedenklich gebrauchenden Zeitgenossen, die ihm somit auch jede Form der ›Ehrenpforte‹ und der ehrenhaften Begrüßung durch die Fanfarentöne (der Clairons) verweigern. Der Dichter schweigt sich aus; er »geht schweigend« hin, seine Jahre vergilben wie das Papier, auf das er seine Worte setzt. Das vergilbte Papier steht in scharfem Kontrast zu den »rosigen feuchten Lippen«, von denen, seiner Geschichte und Gesichte nicht eingedenk, das unbedenkliche Wort »perlt«, wie es in der dritten Strophe heißt. Geplagt bis in den Traum hinein wird der Dichter von Silben, zerstückelten Worten, die er zu ganzen Wörtern erst zusammensetzen müsste, wenn sie Sinn aussagen sollen.

43 Siehe Anm. 18, S. 53.

Gedicht (1955). Der Text *Gedicht* beschreibt, wie aus dem
›Nichts‹ das ›Sein‹ wird, so lautet das durch seine Position
beschwerte letzte Wort der letzten Strophe. Aus dem
›Nichts‹ strömt dem Dichter als Schöpfer das Material zu,
das er in einem Gestaltungsprozess, einem gleichsam gött-
lich-schöpferischen Akt zur Form, zum ›Sein‹, umschafft.
Aus Einzelnem, aus einem ›Potpourri‹ von Worten, ergreift
er zwanghaft etwas, das zunächst nur halb Bild, halb Wort
ist. Am Anfang des Schöpfungsprozesses steht die ver-
schwommene, noch nicht Wort gewordene Bildvorstellung,
die sich dem Dichter aufdrängt. Basis dieser ›Eingebung‹ ist
eine gefühlsmäßige Disposition, zu der der Dichter neigt: es
ist die Melancholie, jenes ›stille trauernde Gefühl‹, aus dem
sich der Gestaltungsdrang heraus›drängt‹. Gefühl einerseits
und Kalkül andererseits verbinden sich. Was aus dem
›Nichts‹ zusammenströmt, nutzt der Dichter, sei es, indem
er ›Asche‹ ›streut‹, oder die ›Flamme‹ ›löscht‹ oder ›hütet‹.
Ausgebranntes und entflammendes ›Wortmaterial‹ macht
sich der Dichter zu Eigen. Er weiß darum, dass er ›nicht alles fassen kann‹. Der dichterische Formungsprozess ist zugleich ein notwendiger Ausgrenzungsprozess. Aber nur
durch solche Begrenzung kann die dem Wort eigene Dynamik, sei es als Asche, sei es als Flamme, genommen werden
und ins Statische, Stabile, Dauernde überführt werden.
Den Schöpfungsprozess zeichnet auf der einen Seite die ge-
staltende Gelassenheit des Dichters aus, auf der anderen
Seite das immer wieder diesen Prozess begleitende Gefühl
des ›Misstrauens‹, dessen Gespanntheit sich dem Schöpfungsprozess als jene Spannung einschreibt, der sich in der
Form manifestiert. Das Misstrauen bewirkt auch die Unzu-
friedenheit mit jeder gefundenen formalen Lösung. Kunst
ist ein immer sich überbietender Prozess, das künstlerische
Experimentieren mit Worten und Form kommt an kein de-
finitives Ende.
Während Benn in der ersten Strophe das Gedicht aus dem
zwanghaften Zusammenströmen von Bildvorstellung, Wort

und Kalkül ableitet, in der zweiten und dritten das Werden des Gedichts als Umgrenzungs-, Formungs- und Läuterungsprozess erklärt, greift er in der letzten Strophe auf das Bild des rastlos meißelnden Künstlers zurück, der sein Material, die Sprache, behaut und in die Fugen Silber klopft. Dass er dies auch sonntags tut, zeigt wieder, dass der Künstler eine Ausnahmeexistenz ist, denn er kennt nicht den Werk- und den Sonntag. Seine Arbeit bedrängt ihn stets, sie entzieht sich der alltäglichen, für die anderen maßgeblichen Zeiteinteilung.

Statische Gedichte

»Kunst ist statisch. Ihr Inhalt ist ein Ausgleichen zwischen Tradition und Originalität, ihr Verfahren die Balance zwischen Masse und Stützpunkt«, so hat es Benn einmal formuliert (8,2022), und diese Formulierung mag hilfreich zum Verständnis dieses Gedichtes sein, das besondere Aufmerksamkeit verdient, denn es ist als das letzte Gedicht der Sammlung zugleich das Programmgedicht jener Zusammenstellung von Gedichten, die Benn auf Anregung des Schweizer Verlegers Peter Schifferli in dessen Verlag »Die Arche« nach dem Zweiten Weltkrieg erscheinen ließ und die jene Gedichte enthielt, die er nach dem Veröffentlichungsverbot verfasste.

Die Gedichtsammlung selbst charakterisiert Christoph Perels zunächst einmal mit folgenden Worten: »Jeder der Texte in den *Statischen Gedichten* stellt sich dem Leser [...] als ein Kunstindividuum dar, für das der Interpret die Formel zu suchen hat. Und doch, so groß die Gestaltungsvielfalt auch ist – von der in den zwanziger Jahren entwickelten achtversigen Strophe bis zu liedhaften kleinen Gebilden, von strengen, der Stanze verwandten Texten bis zu gelockerten, prosanahen Zeilenkompositionen, von zyklusartig angelegten Gedichtfolgen bis zu lakonisch knappen Kurzgedichten – die Sammlung wird zusammengehalten durch den einen, unverkennbaren Sprachgestus, der sich hier in unzähligen Varianten moduliert. Das Programmgedicht *Statische Gedichte* nennt mit der Absage an zielorientierte Bewegungen, an Steigerungen in der Natur, planendes Handeln in der Geschichte, einige wenige Voraussetzungen von Benns Poetik in diesen Jahren.«[44]

Abgeleitet ist das Adjektiv ›statisch‹ aus dem Griechischen: *statikos* bedeutet soviel wie ›stellend‹, ›wägend‹, ›stehen machend‹. Der Gegensatz zur ›Statik‹ ist die Dynamik. Die Bedeutung von ›Statik‹ ist Gleichgewicht; bzw.: ›Statik‹ ist die Lehre von den Kräften, die an ruhenden Körpern auftreten. Auf die Gedichte bezogen hieße dies, dass sie in sich ruhende, zum Stehen gebrachte Gebilde sind. Sie sind so geformt, dass sie in sich ein Gleichgewicht ausbilden und ihnen die Dynamik fehlt; keine Bewegung weist aus ihnen heraus. Dass sie noch Zeichen ihrer Entwicklung trügen, ist diesen Gedichten fremd. So beginnt das Gedicht mit der sentenzartigen Aussage:

> Entwicklungsfremdheit
> ist die Tiefe des Weisen.

Der Weise hat sich abgeschottet gegen die Kinder und Kindeskinder, jene also, die sich noch entwickeln müssen; der Weise ist fertig, ihn kann nichts mehr beunruhigen, nichts dringt mehr in ihn ein.

Blockhaft und endgültig in der Diktion ist auch der Sprachgestus des Gedichts. Die einzelnen Versblöcke mit fünf, elf und acht Zeilen stehen sicher hintereinander, kein metrisches Maß lässt sich erkennen, kein Reim erzwingt ein Strömen der Verse; eine einzelne Zeile ist durch kursive Schrift hervorgehoben. Dieser Tendenz zur Vereinzelung folgt vor allem der letzte Verskomplex; die Verse können sich zur Einzelzeile verringern, die monolithisch den

---

44 Christoph Perels, »Nachwort«, in: Gottfried Benn, *Gedichte*, Stuttgart 1988, S. 176.

Schluss des Textes zweifach bildet: Den drei Strophen folgen, von diesen und unter sich nochmals durch einen Stro-
phenabstand getrennt, die beiden Schlussverse, »die nur
noch zögernd angefügt scheinen und eher auf die Andeutung beschränkt bleiben, als daß sie nochmals eine Lehre
aussprechen würden«[45]:

> dann sinken lassen –

> du weißt – für wen.

Die Formulierungen der ersten Strophe wirken spruchhaft,
kurz und ruhig und beruhigend zugleich, unterstützt durch
die Parallelisierung der beiden letzten Verse:

> beunruhigen ihn nicht,
> dringen nicht in ihn ein.

Die zweite Strophe grenzt von dem ›Weisen‹ nicht mehr,
wie es die erste tat, die Kinder und Kindeskinder ab,
sie nennt andere Lebenshaltungen, Haltungen einer vita
activa:

> Richtungen vertreten,
> Handeln,
> Zu- und Abreisen

All das sind ›Zeichen einer Welt‹, die noch nicht die Abge-
klärtheit des Weisen gefunden hat, noch ›nicht klar sieht‹,
wie er, wenn er zu seinem Fenster hinausschaut. Der Blick,
der sich ihm dann bietet, beschreibt als ›Zitat‹ des Weisen
der zweite Komplex der zweiten Strophe:

> Vor meinem Fenster
> liegt ein Tal,
> darin sammeln sich die Schatten,
> zwei Pappeln säumen einen Weg

---

45 Beda Allemann, »Statische Gedichte. Zu einem Gedicht von Gottfried
Benn«, in: Jost Schillemeit, *Interpretationen. Deutsche Lyrik von Weckher-
lin bis Benn*, Frankfurt a. M. 1963, S. 327.

Die Landschaftsskizze selbst wirkt in sich statisch, ein Eindruck, der vor allem durch die Verben (liegt, sammeln, säumen) hervorgerufen wird. Auch zuvor war vom Weg indirekt die Rede, wenn am Beginn der zweiten Strophe von ›Zu- und Abreisen‹ die Rede war. Aber dort meint der Reiseweg etwas anderes. In der vita activa herrschen Entscheidungen vor. Es muss zwischen verschiedenen Richtungen und auch über den einzuschlagenden Weg entschieden, es muss ausgewählt und verworfen werden. Anders die vita contemplativa des Weisen mit dem klaren Blick für die in sich ruhenden Dinge. Er sieht vor seinem Fenster, gleichsam von dem Fenster umrahmt, ein Tal, in dem sich die Schatten sammeln und durch das ein Weg führt, den zwei Pappeln, gleichsam als Ausrufezeichen in der Landschaft, säumen. Der Weise, der ihn sieht, weiß, wohin dieser Weg führt, so ist zumindest die letzte Zeile zu verstehen, die mit dem ›du‹ entweder die Selbstansprache des Weisen oder die Ansprache an den mitwissenden oder ins Wissen eingeführten Leser des Gedichtes meinen kann.

Kaum verständlich ist der Beginn der dritten Strophe. Zum einen ist es die Vokabel ›Perspektivismus‹, zum andern bleibt zunächst der Bezug des Possessivpronomens ›seine‹ unklar. Hilfreich ist der Verweis Beda Allemanns in seiner Interpretation des Programmgedichts auf Friedrich Nietzsche und dessen Verwendung des Wortes ›Perspektivismus‹. Den Hinweis aufnehmend, wird man folgende Stellen aus Nietzsches Werk heranziehen können: Für Nietzsche ist »das Perspektivische die Grundbedingung alles Lebens«: »Es gibt *nur* ein perspektivisches Sehen, *nur* ein perspektivisches ›Erkennen‹; und *je mehr* Affekte wir über eine Sache zu Worte kommen lassen, *je mehr* Augen, verschiedne Augen wir uns für dieselbe Sache einzusetzen wissen, um so vollständiger wird unser ›Begriff‹ dieser Sache, unsre ›Objektivität‹ sein« und: »Soweit überhaupt das Wort ›Erkenntniß‹ Sinn hat, ist die Welt erkennbar: aber sie ist anders *deutbar*, sie hat keinen Sinn hinter sich, sondern un-

zählige Sinne ›Perspektivismus‹«. Es ist die »Perspektiven-
setzende Kraft«, vermöge deren »jedes Kraftcentrum – und
nicht nur der Mensch – von sich aus die ganze übrige Welt
construirt«.[46]

Das heißt: Der Weise weiß um die perspektivische Gebundenheit seiner Sicht; er weiß aber auch – und hat sich damit
abgefunden, dass ›hinter‹ der Welt, wie sie ihm erscheint,
kein anderer Sinn sich verbirgt. Alles, was er sieht, ist konstruiert; seine Welt ist *seine* Welt. »Die Perspektive des Ta-
les ist Selbstbegrenzung, der Wille zur Stilisierung und zum
abgeschlossenen Kreis als Merkmal jeder Klassizität.«[47]

»Der Perspektivismus Benns hat von Anfang an seine Statik in sich getragen. [...] Perspektivismus ist scheinbar eine
Technik der Zersplitterung, der Auflösung und Facetten-
spiegelungen, und in einer gewissen Hinsicht trifft das ge-
wiß zu, Benn selber sagt von seinem Stil: ›Nichts wird
stofflich-psychologisch mehr verflochten, alles angeschla-
gen, nichts durchgeführt. Alles bleibt offen. Antisynthetik.
Verharren vor dem Unvereinbaren.‹ Doch er fügt auch hinzu: ›Bedarf größten Geistes und größten Griffs, sonst Spielerei und kindisch. Bedarf größten tragischen Sinns, sonst
nicht überzeugend. Aber wenn der Mann danach ist, dann
kann der erste Vers aus dem Kursbuch sein und der zweite
eine Gesangbuchstrophe und der dritte ein Mikoschwitz,
und das Ganze ist doch ein Gedicht.‹«[48]

In verschiedenen Bildern beschreibt demnach Benn in der
dritten Strophe den künstlerischen Produktionsprozess.
Gedichte sind statisch. Nach Rankengesetz legt der Künstler Linien an und führt sie weiter; er wirft Krähen ›in Win-
terrot von Frühhimmeln‹ und lässt sie sinken.

46 zit. nach: F. Nietzsche, *Jenseits von Gut und Böse. Vorrede*, in: *Werke*, hrsg.
   von G. Colli / M. Montinari, VI,2, S. 4; *Zur Genealogie der Moral* III,12,
   S. 383; Nachgelassene Fragmente Ende 1886 – Frühjahr 1887, VIII,1, S. 323;
   Nachgelassene Fragmente Frühjahr 1888, VIII,3, S. 165.
47 Siehe Anm. 45, S. 333.
48 ebd.

Auch diese Bildvorstellungen sind nur schwer für den Leser auflösbar, hilfreich sind hier ebenfalls die Ausführungen Allemanns:
»Rankengesetz ist: der Hervorbringung des Kunstwerkes als eines Bleibenden sich hingeben; *Ranken sprühen*, aus sich heraustreiben in schöpferischem Akt, dann sinken lassen.«[49] Und: »Die Pflanzenranke selbst ist das Symbol der brüderlichen Vereinigung. Sie gehört beiden Bereichen zu, der Ausdruckswelt im Bennschen Sinn des Wortes, wo sie für das künstlerisch in seine Vollendung Hervorgebrachte steht, und zugleich der stets sich erneuernden Natur, die selbst, dem Dichter darin verwandt, die Ranke in ihren Frühlingen hervorsprüht.«[50] Aus dem Aufsprühen und dann wieder sinken lassen löst sich ein einzelner Augenblick heraus, der alles bannt, in der Schwebe lässt, aus dem »ein Dauerndes sich loslöst«[51].

Dies Dauernde wäre dann das Gedicht selbst, das sich an denjenigen wendet, der weiß, dass es für ihn gedacht ist. Mit diesem Wissen endet das Gedicht. Es ist Widmung an den potentiellen Leser, den Weisen mit der klaren Sicht.

Einsamer nie (1936). Dies Gedicht ist ein charakteristisches Beispiel für die »meditativ-distanzierte Sprechweise des reflexionsmonologischen Ich«[52]. Es ist streng in seinem Aufbau. Drei Strophen zu je vier, vierhebigen Zeilen mit umarmender Reimabfolge teilen sich in zwei Blöcke, wobei die ersten beiden Strophen parallel zueinander gebaut sind, denn sie stellen jeweils in der letzten bzw. in den letzten beiden Zeilen, die sich jeweils mit einem ›doch‹ vom vorher Gesagten abheben, eine Frage:

---

49 ebd., S. 334.
50 ebd., S. 335.
51 ebd., S. 336.
52 Siehe Anm. 34, S. 320.

doch wo ist deiner Gärten Lust?

doch wo sind Sieg und Siegsbeweise
aus dem von dir vertretenen Reich?

Die letzte Strophe scheint die Antwort auf die beiden Fragen zu geben; auch sie unterteilt sich in zwei Aussagegruppen: das ›alles‹ der ersten Zeile der dritten Strophe steht in schärfstem Kontrast zum ›du‹ der letzten Zeile. Dieser Kontrast ist zentral. Schon die erste Zeile des Gedichts spannt sich zwischen dem komparativischen ›einsamer‹ und der Nennung des Monatsnamens ›August‹, wobei durch die Aussparung des Verbs zunächst die erste Zeile gänzlich unverständlich zu sein scheint, zumal der Bezug des Komparativs nicht klar ist. Man wird die elliptisch formulierte erste Zeile durch den Kontext wohl so paraphrasieren dürfen: Nie fühlst du dich einsamer als im August. Insofern ist das Gedicht Selbstansprache eines Subjekts, des dichterischen Subjekts, das sich, wofür der ›August‹ als die Sphäre eines reinen, sich selber genügenden, mit sich selber identischen Seins steht, aus der Lebensfülle und naturhafter Identität ausgeschlossen fühlt. Das sich selbst ansprechende Du sieht sich aus den ›Gärten der Lust‹, in der zweiten Strophe dann von den ›hellen Seen‹, dem ›weichen Himmel‹, den ›reinen Äckern‹ ausgeschlossen. In die Positionsbestimmung der ersten Zeile und die offene Frage der letzten Zeile der ersten Strophe sind kontrapunktisch sensuelle Wahrnehmungen eingeschoben: ›die roten und die goldenen Brände‹. So ist das ganze Gedicht gebaut: »Bild und Reflexion, Natur und Begriff, Leben und Denken werden kontrapunktisch einander zugeordnet. Während die ersten beiden Strophen jeweils in dem durch die adversative Konjunktion ›doch‹ markierten Umschlag vom impressiven Bild zur offenen Frage das Widerspiel von panischer Sommerlandschaft und einsamem Ich erfassen, sind in der dritten Strophe lebenserfülltes Bild und apodiktische Antwort in einen antithetischen Bezug gebracht. Das Gedicht zeigt eine dissonante

Gottfried Benns Wohnung, Berlin, Bozener Straße 20

Grundstruktur, indem es in klarer kontrapunktischer Abgrenzung, entweder durch ein adversatives ›doch‹ oder antithetische Wortanordnung wie ›Glück‹ und ›Gegenglück‹, den sensuellen Reiz und die reflexive Bewußtheit, das fraglose, reine Leben und den fragenden, setzenden Geist, die rauschhafte Lebensfülle und die formproduktive Subjektivität miteinander konfrontiert.«[53] Als sei das sprechende Du in der letzten Strophe bei sich angekommen, stellt es hier keine bedrängende Frage mehr, sondern vergewissert sich der von ihm eingenommenen Position:

> Wo alles sich durch Glück beweist
> [...]
> dienst du dem Gegenglück, dem Geist.

Dieser Vers, »der im lakonischen Konzentrieren der Aussage zu bündiger Schlüssigkeit eine knappe, pointierende, fazitziehende Selbstvergewisserungsformel darstellt, ist die Antwort der formproduzierenden Subjektivität auf die lebenserfüllte Wirklichkeit. Die Umwendung vom ›Glück‹ der Liebe zum ›Gegenglück‹ des Geistes ist eine Existenzformel des monologischen Du, das sich angesichts der Unmöglichkeit einer Einheit von Leben und Geist auf den Geist als formproduktive Kraft zurückverwiesen sieht.«[54] In dem Jahr, in dem Benn das Gedicht schrieb (1936), äußerte er sich in einem Brief an Erich Pfeiffer-Belli vom 30. April: »Der Geist oder das Leben, es ist unversöhnbar beides, was Nietzsche noch nicht sah.«[55]

53 ebd., S. 321.
54 ebd., S. 322.
55 Siehe Anm. 4, S. 57.

2. Prosa

Gehirne. Novellen (1915). Benn reklamiert für sich, der Schöpfer des ›absoluten Gedichts‹ zu sein, und auch seine Prosa beansprucht für sich, ›absolute Prosa‹ zu sein. Was er darunter verstanden wissen will, sagt er selbst einmal in *Doppelleben*: »Der ›Roman des Phänotyp‹ (in meinem Buch *Der Ptolemäer*, 1949) ist reichlich unverständlich, ganz besonders dadurch, daß ich ihn als Roman bezeichne. Eine Folge von sachlich und psychologisch nicht verbundenen Suiten – jeder mit einer Überschrift versehene Abschnitt steht für sich. Wenn diese Arbeit ein Problem bietet, ist es das Problem der absoluten Prosa. Einer Prosa außerhalb von Raum und Zeit, ins Imaginäre gebaut, ins Momentane, Flächige gelegt, ihr Gegenspiel ist Psychologie und Evolution« (8,1998). Im Folgenden erwähnt Benn Carl Einstein mit seinem *Bebuquin* (1912) und André Gides *Paludes* als Texte, die mit seiner ›absoluten Prosa‹ vergleichbar seien. Sie alle stimmen darin überein, so Benn, dass auch dort den Verfassern etwas Ähnliches vorgeschwebt sein müsse: »die Möglichkeit nämlich von geordneten Worten und Sätzen als Kunst, als Kunst an sich« (8,1998). Benn entwickelte demnach zusammen mit einigen wenigen zeitgenössischen Autoren eine Form der Prosa, die sich »gegen rein Episches, externen Stoffzustrom, Begründungen, psychologische Verkleisterungen, Kausalität, Milieuentwicklung« (3,722) deutlichst abzugrenzen versuchte.

Gottfried Benn hat fünf Erzählungen nach ihrem Protagonisten als den »Rönne-Komplex« bezeichnet. Die ersten drei Erzählungen (*Gehirne, Die Eroberung, Die Reise*) entstanden ab 1914. Sie wurden in den Jahren 1915/16 zunächst einzeln publiziert. Alle fünf Texte – es kamen zu den genannten noch zwei Erzählungen: *Die Insel, Der Geburtstag* hinzu – wurden erstmals zusammen in der von Kurt Wolff herausgegebenen und verlegten Reihe *Der jüngste Tag* veröffentlicht. In diesem Publikationsorgan fanden sie

einen Kontext expressionistischer Dichtung, denn Wolffs
Reihe war der Sammelort und Kristallisationspunkt expres-
sionistisch-experimentierender, modernster Dichtung der
Zeit.

Mit Rönne schafft sich Benn das, was er später einen ›Phänotyp‹ genannt hat: »Der Phänotyp ist das Individuum
einer jeweiligen Epoche, das die charakteristischen Züge
dieser Epoche evident zum Ausdruck bringt, mit dieser
Epoche identisch ist, das sie repräsentiert« (8,2009f.).

Die erste Erzählung mit dem Titel *Gehirne* ist die wohl bekannteste und noch am leichtesten zugängliche Erzählung
aus den von Benn so genannten »Rönne-Novellen«. Der
Inhalt der Erzählung sei im Folgenden kurz zusammengefasst:

Der junge Arzt Rönne befindet sich auf dem Weg durch
Süddeutschland nach dem Norden, um dort eine Chefarztstelle in einem Sanatorium zu vertreten. Zuvor war er an einem pathologischen Institut für zwei Jahre angestellt gewesen, »es waren ungefähr zweitausend Leichen ohne Besin-
nen durch seine Hände gegangen« (5,1185), was ihn so
stark erschöpft hatte, dass er die letzten Monate, bevor er
die Reise zur Chefarztvertretung antrat, »tatenlos ver-
bracht« (ebd.) hat. Gleich zu Beginn seines Aufenthaltes in
dem auf der Höhe eines Gebirges gelegenen Sanatorium
durchfährt ihn der Gedanke: »Das Leben ist so allmächtig
[…], diese Hand wird es nicht unterwühlen können« (ebd.).
Dabei sieht er seine rechte Hand an. »Umleuchtet von seiner Einsamkeit« (5,1186), spricht er mit den Schwestern
über dienstliche Angelegenheiten. Er selbst kommt seinen
dienstlich-medizinischen Verrichtungen und Verpflichtungen nur noch mechanisch nach. Er entfremdet sich immer
mehr sich selbst. Eines Morgens sitzt er am Frühstückstisch
und fühlt: »Der Chefarzt würde verreisen, ein Vertreter
würde kommen, in dieser Stunde aus dem Bette steigen und
das Brötchen nehmen« (5,1187). In Rönne steigert sich das
Gefühl, dass er keinen Halt mehr hinter den Augen habe:

»Zerfallen ist die Rinde, die mich trug« (5,1188). Eine Schwester macht folgende Beobachtung: Rönne nimmt das Gehirn eines gerade geschlachteten größeren Tieres, dessen Kopf man aufgeschlagen hat, in die Hände und biegt »die [Hirn-]Hälften auseinander« (ebd.). Diese Bewegung mit den Händen erinnert die Schwester an die oft bei Rönne zu beobachtende Geste, dass er nämlich seine Hände nach dem Gang durch die Liegehallen hin und her dreht und sie ansieht.

Rönne beginnt, seinen Dienst noch unregelmäßiger zu versehen. Ihm ist es zuweilen nicht möglich, sich »gesprächsweise zu dem Verwalter oder der Oberin über irgendeinen Gegenstand zu äußern« (5,1189). Er verfällt in völlige Apathie, liegt fast ununterbrochen wie die Patienten des Sanatoriums und rührt sich kaum. Der Chefarzt, den Rönne vertreten sollte, wird zurückgerufen; er entschuldigt sein vorzeitiges Kommen gegenüber Rönne damit, dass eine seiner Töchter erkrankt sei. Rönne entgegnet ihm:

»Sehen Sie, in diesen meinen Händen hielt ich sie, hundert oder auch tausend Stück: manche waren weich, manche waren hart, alle sehr zerfließlich; Männer, Weiber, mürbe und voll Blut. Nun halte ich immer mein eigenes in meinen Händen und muß immer darnach forschen, was mir möglich sei. Wenn die Geburtszange hier ein bißchen tiefer in die Schläfe gedrückt hätte …? Wenn man mich immer über eine bestimmte Stelle des Kopfes geschlagen hätte …? Was ist es denn mit den Gehirnen? Ich wollte immer auffliegen wie ein Vogel aus der Schlucht; nun lebe ich außen im Kristall. Aber nun geben Sie mir bitte den Weg frei, ich schwinge wieder – ich war so müde – auf Flügeln geht dieser Gang – mit meinem blauen Anemonenschwert – in Mittagsturz des Lichts – in Trümmern des Südens – in zerfallendem Gewölk – Zerstäubungen der Stirne – Entschweifungen der Schläfe« (5,1190 f.).

Man könnte die Inhaltsangabe in dem einen Satz zusammenfassen: Ein junger Arzt erkrankt während der Vertre-

tung einer Chefarztstelle in einem Sanatorium an Schizophrenie und wird handlungsunfähig.

Diese extreme Komprimierung des Plots der Geschichte
zeigt deutlich, dass die Novelle eigentlich einer Fabel entbehrt. Genauso wenig weist sie auch einen ›novellistischen
Falken‹ auf, nimmt man die von Benn gewählte Gattungs-
bezeichnung ›Novelle‹ ernst.

Was Benn darstellt, ist der Selbstverlust einer Figur. Es
wird aus der figurengebundenen Perspektive eben dieser
Figur erzählt. Man könnte auch von personaler Perspektive
sprechen. Nur einmal, wenn von der Rönne beobachtenden
Schwester die Rede ist, scheint deren Perspektive für einen
Erzählaugenblick eingenommen zu werden. Rönnes Wirk-
lichkeitsverlust wird demnach nicht von einem auktorialen
Erzähler erzählt und kommentiert, so dass sie sich auch
nicht als medizinische, klinische Krankengeschichte einer
ausbrechenden Schizophrenie lesen lässt. Dem Leser drängen sich vielmehr die aus der Normalität verschobenen
Perspektiven Rönnes auf.

Schon gleich zu Beginn der Erzählung lösen sich für den im
Zug fahrenden Rönne die gewohnten, gewöhnlichen, normalen Sichtweisen auf die Welt auf. Die ›normale‹ Subjekt-
Objekt-Beziehung wird zerstört. Alles bislang Selbstver-
ständliche wird außergewöhnlich und im wahrsten Sinne
des Wortes erneut frag-würdig. Die neue Sicht auf die Dinge findet ihren Niederschlag in der sprachlichen Neufor-
mulierung, die die herkömmlichen Denkkategorien und
Erlebnisformen zerstört und durch eine die logische und
syntaktische Ordnung auflösende Dynamisierung der Sprache und assoziative Verknüpfungen ersetzt. Mit der Entfremdung von Ich und Welt geht eine Destabilisierung des
Ich einher. Das ›Ich‹ Rönnes löst sich auf.

Zu Beginn des zweiten Abschnitts der Erzählung heißt es:
»Jetzt saß er auf einem Eckplatz und sah in die Fahrt«
(5,1185). Das Folgende klingt so, als müsse sich Rönne in
Form eines inneren Zuspruchs über seine Situation verge-

wissern, als müsse er sich besprechen und im Sprechen das Wahrgenommene als Wirkliches bannen: »es geht also durch Weinland [...] ziemlich flaches, vorbei an Scharlachfeldern, die rauchen von Mohn. Es ist nicht allzu heiß; ein Blau flutet durch den Himmel, feucht und aufgeweht von Ufern; an Rosen ist jedes Haus gelehnt, und manches ganz versunken« (ebd.). Was auffällt, ist, dass Rönne zunächst zu seiner Vergewisserung bilanzierend sagt: ›es geht *also* ...‹ Dieses ›also‹ hat nur seine Funktion, wenn man sich vorstellt, dass Rönne in einem inneren Monolog an dieser Stelle zusammenfassend und schlussfolgernd fortfährt. Interessant ist dann, was ihm von der Wirklichkeit und wie ihm die Wirklichkeit außerhalb des Zuges ins Auge fällt. Mit ›Weinland‹ und ›Mohn‹ fokussiert er seine Wahrnehmung auf Substanzen, die als bewusstseinserweiternd oder -verändernd gelten können. Auch seine Farbwahrnehmung hat sich verändert bzw. intensiviert. Er sieht nicht scharlachrote Felder, sondern ›Scharlachfelder‹; er sieht keinen blauen Himmel, wie es ›normal‹ formuliert wäre, sondern er sieht ›ein Blau‹ durch den Himmel fluten. Die Farbe hat sich – wie in der abstrakten, zeitgenössischen Malerei – als Wahrgenommenes verselbständigt. Ebenso verkehren sich für Rönne die Kategorien, unter denen er bislang die Wirklichkeit wahrgenommen und beurteilt hat. Die sich an einem Haus emporrankenden Rosenstöcke lehnen sich nicht mehr an das Haus, sondern Rönne nimmt wahr: ›an Rosen ist jedes Haus gelehnt‹.

Rönne verfügt nicht mehr über seine Wahrnehmungen; sie entgleiten ihm. So will er, als letzten Rettungsversuch, sich ein Buch kaufen, um darin seine Eindrücke aufzuschreiben, dadurch zu fixieren und sich selbst dadurch als wahrnehmendes Subjekt zu bewahren. Wie wenig jedoch Rönne noch Herr der Wahrnehmung ist, zeigt das Ende des Abschnitts, wenn dort parataktisch, einander zugeordnet und nicht mehr in ein kategoriales Netz eingespannt, Wirklichkeitseindrücke assoziativ aneinandergereiht sind:

»Dann lagen in vielen Tunneln die Augen auf dem Sprung, das Licht wieder aufzufangen; Männer arbeiteten im Heu; Brücken aus Holz, Brücken aus Stein; eine Stadt und ein Wagen über Berge vor ein Haus« (ebd.). Die Aussparung des Prädikats lässt so Wirklichkeitsteile unorganisiert nebeneinander stehen, ohne dass sie sich zu einer Ordnung bzw. Zuordnung noch fügen würden.

Rönne entgleitet die Wirklichkeit oder das, was ihm bislang unbefragt die Wirklichkeit war. Er verliert die Unmittelbarkeit zum Leben und zu seinem eigenen Ich. Er verliert seine Identität.

So fragt er sich schon während der Zugfahrt: »So viele Jahre lebte ich, und alles ist versunken. Als ich anfing, blieb es bei mir?« (ebd.). Er merkt also, dass die Wahrnehmungen und Eindrücke sich im ›Fluß der Zeit‹ verflüchtigen, dass sie nichts mehr zusammenhält bzw. »alles [an ihm] so herunterfließt« (ebd.). Nichts hält diese Eindrücke zusammen; das Ich, das all diese Empfindungen als Konstante ›begleiten‹ könnte, entgleitet sich selbst. Ein letzter Akt, sich gegen den Fluss zu stemmen, ist der Versuch, mit Buch und Stift sich »vieles auf[zu]schreiben« (ebd.) und somit zu objektivieren.

Auch der bislang unbefragte Begriff des ›Lebens‹ entschwindet Rönne. Leben und auch sein eigenes Leben nahm er bislang fraglos hin. Nunmehr, nachdem er das Sanatorium betreten hat, erkennt er, dass »das Leben so allmächtig« (ebd.) ist: »Diese Hand wird es nicht unterwühlen können« (ebd.). Bei diesem Gedanken sieht er versonnen »seine Rechte« (ebd.) an. Rönne verliert den unmittelbaren Bezug zum Leben, weil er es selbst zum Objekt seiner Erkenntnis macht; er entmächtigt sich des Lebens, weil er sieht, dass er es mit seiner Hand im wahrsten Sinne des Wortes nicht mehr um-›greifen‹ bzw. ›be-greifen‹ kann.

Wie ihm das Leben kommt Rönne auch sich selbst im Laufe seines Aufenthaltes abhanden: »Und ich hatte auch einmal zwei Augen, die liefen rückwärts mit ihren Blicken; jawohl, ich war vorhanden: fraglos und gesammelt. Wo bin ich hingekommen? Wo bin ich? Ein kleines Flattern, ein Verwehn« (5,1187f.).

An einer anderen Stelle fasst er seine Erfahrung zu der Formulierung zusammen: »Zerfallen ist die Rinde, die mich trug« (5,1188). Rönne verliert die Aktivität; er fühlt sich passiv, einer Fülle neuer, für ihn noch nicht fassbarer Erfahrungen ausgesetzt: »Rönne aber ging durch die Gärten. Es war Sommer; Otternzungen schaukelten das Himmelsblau, die Rosen blühten, süß geköpft. Er spürte den Drang der Erde: bis vor seine Sohlen, und das Schwellen der Gewalten: nicht mehr durch sein Blut. [...] häufig mußte er ruhen vor der Hemmungslosigkeit des Lichtes, und preisgegeben fühlte er sich einem atemlosen Himmel« (5,1188f.).

Zu Rönnes Ich-Verlust gehört auch, dass er sich »keinem Ding mehr gegenüber« (5,1190) fühlt. Er wird sich zum Rätsel, löst sich auf; auch das Gehirn, das einstige Steuerungsinstrument seiner Handlungen, gehorcht ihm nicht mehr: »um zwölf chemische Einheiten handele es sich, die zusammengetreten wären nicht auf sein Geheiß, und die sich trennen würden, ohne ihn zu fragen. Wohin solle man sich dann sagen? Es wehe nur über sie hin« (5,1189f.).

Rönne ist nicht mehr Herr des Geschehens, er weiß nicht mehr, wie er es kommentieren soll. Er sieht seine Kontingenz: »und muß immer darnach forschen, was mit mir möglich sei. Wenn die Geburtszange hier ein bißchen tiefer in die Schläfe gedrückt hätte ...? Wenn man mich immer über eine bestimmte Stelle des Kopfes geschlagen hätte ...? Was ist es denn mit den Gehirnen?« (5,1190f.).

In diesem Zustand versagt Rönne auch die Sprache, sie trifft nicht mehr die Wirklichkeit. Und dennoch versagt sie nicht ganz. Am Ende schwingt sich Rönne zu einer an Benns Lyrik gemahnenden Apotheose auf: »Ich wollte immer auffliegen wie ein Vogel aus der Schlucht« (5,1191). Am Ende hat Rönne im Wahn eine Freiheit gewonnen, die

ihn spüren lässt, dass er die Wirklichkeit mit ihren Gesetzen überwinden könne, als könne er fliegen, sich außerhalb
des Kristalls bewegen. Am Ende steht die Entschweifung
der Schläfe, die Befreiung des ›Gehirns‹, das Ende der Ver-
hirnung, die Zerstäubung der Stirne. Rönne hat sein ›altes‹
Ich verloren. Er ist nun offen für ganz andere Eindrücke,
hier chiffriert formuliert als ›blaues Anemonenschwert‹,
›Mittagssturz des Lichts‹, ›Trümmer des Südens‹ und ›zer-
fallendes Gewölk‹, wobei aufschlussreich ist, wie sich Benn
gegenüber Dieter Wellershoff in einem Brief vom 22. November 1950 hinsichtlich der Verwendung der Farbe ›Blau‹
geäußert hat: ›Blau‹ ist das »Hinübergehn aus Starre und
Gebundenheit in Strömen und Vergehn«.[56]
Vom Ende der Erzählung her lässt sich die ›Novelle‹ nicht
nur als der Ausbruch der Schizophrenie bei einem Mediziner lesen. Vom Ende her lässt sie sich auch als Künstlerer-
zählung oder -novelle verstehen: Rönne wird nämlich nach
den ›üblichen‹ Einschätzungen ›wahnsinnig‹; zugleich wird
aber im Akt der Zerstörung ein Dichter ›geboren‹, wenn
die Rationalität zugunsten des ›wahreren‹ Irrationalen
(oder – mit Musil zu sprechen – des ›Nicht-Ratioïden‹)
weicht. »Der Dichter befreit sich in der ›Überhöhung‹ oder
im ›Außersich des Rausches‹ von der Qual des Bewußtseins. Benn nennt diese rauschhafte Selbstbefreiung später
›Zusammenhangsdurchstoßung‹, die den schöpferischen
Prozeß und damit wieder einen Zustand höchster, konstruktiver Bewußtheit einleitet«.[57]
Benn hat mehrfach den biographischen Hintergrund seiner
Rönne-Geschichten angedeutet. Im *Lebensweg eines Intellektualisten* geht er auf seine Brüsseler Zeit in der Rue St.
Bernard ein. »Dort wirkte Rönne in Hochblüte, wollte
nach Antwerpen reisen u. kam nur bis zur Bahn aus Mü-
digkeit u. weil alles so schwer u. sinnlos war, da entstand

56 Siehe Anm. 4, S. 137.
57 Jürgen Fackert, »Nachwort«, in: Gottfried Benn, *Gehirne*, textkrit. hrsg.
   von Jürgen Fackert, Stuttgart 1974, S. 60.

die Reise. Vor allem aber Ende April, Anfang Mai 1916 –
›geschah‹ ihm der ›Geburtstag‹« (Brief an F. W. Oelze, 11. 4.
1942).[58] Im »Epilog« zu den *Gesammelten Schriften* von
1922 findet sich eine Stelle, die auf eine Passage in den *Gehirnen* verweist, auch ein Beleg dafür, wie sehr Rönne eine
fiktionale Selbstverständigungsfigur für Benn ist: »Ich war
ursprünglich Psychiater gewesen, bis sich das merkwürdige
Phänomen einstellte, das immer kritischer wurde und darauf hinauslief, daß ich mich nicht mehr für den Einzelfall
interessieren konnte. Es war mir körperlich nicht mehr
möglich, meine Aufmerksamkeit, mein Interesse auf einen
neueingelieferten Fall zu sammeln oder die alten Kranken
fortlaufend individualisierend zu beobachten. Die Fragen
nach der Vorgeschichte ihres Leidens, die Feststellungen
über ihre Herkunft und Lebensweise, die Prüfungen, die
sich auf des einzelnen Intelligenz und moralisches Quivive
bezogen, schufen mir Qualen, die nicht beschreiblich sind.
Mein Mund trocknete aus, meine Lider entzündeten sich,
ich wäre zu Gewaltakten geschritten, wenn mich nicht vorher schon mein Chef zu sich gerufen, über vollkommen
unzureichende Führung der Krankengeschichten zur Rede
gestellt und entlassen hätte« (8,1875). Benn vermag an sich
selbst zu diagnostizieren, was auch mit Rönne geschieht:
»Von psychiatrischen Lehrbüchern aus, in denen ich suchte, kam ich zu modernen psychologischen Arbeiten, zum
Teil sehr merkwürdigen, namentlich der französischen
Schule; ich vertiefte mich in die Schilderungen des Zustan-
des, der als Depersonalisation oder als Entfremdung der
Wahrnehmungswelt bezeichnet wird« (ebd.).
Aufschlussreich für ein Verständnis des Rönne-Komplexes
und vor allem für die Schlusspassage der Erzählung *Gehir-
ne* ist auch folgende Äußerung Benns:
»In Krieg und Frieden, in der Front und in der Etappe, als
Offizier wie als Arzt, zwischen Schiebern und Exzellenzen,

58 zit. nach Anm. 26, S. 19.

vor Gummi- und Gefängniszellen, an Betten und an Sär-
gen, im Triumph und im Verfall verließ mich die Trance
nie, daß es eine Wirklichkeit nicht gäbe. Eine Art innerer
Konzentration setzte ich in Gang, ein Anregen geheimer
Sphären, und das Individuelle versank, und eine Urschicht
stieg herauf, berauscht, an Bildern reich und panisch. Peri-
odisch verstärkt, das Jahr 1915/16 in Brüssel war enorm, da
entstand *Rönne*, der Arzt, der Flagellant der Einzeldinge,
das nackte Vakuum der Sachverhalte, der keine Wirklichkeit ertragen konnte, aber auch keine mehr erfassen, der
nur das rhythmische Sichöffnen und Sichverschließen des
Ichs und der Persönlichkeit kannte, das fortwährend Ge-
brochene des inneren Seins und der, vor das Erlebnis von
der tiefen, schrankenlosen mythenalten Fremdheit zwischen dem Menschen und der Welt gestellt, unbedingt der
Mythe und ihren Bildern glaubte« (8,1896).
Zur Problematik der Identität und des Ich merkt Benn
selbst an:
»Wir erblicken also hier einen Mann, der eine kontinuierliche Psychologie nicht mehr in sich trägt. [...] In Rönne hat
die Auflösung der naturhaften Vitalität Formen angenommen, die nach Verfall aussehen. Aber ist es wirklich Verfall?
Was verfällt denn? Nicht vielleicht doch nur eine historisch
überlagernde, jahrhundertelang unkritisch hingenommene
Oberschicht, und das andere ist das Primäre? Das Rauschhafte, das Ermüdbare, das schwer Bewegbare, ist das vielleicht nicht die Realität? Wo endet der Eindruck und wo
beginnt das Unerkennbare, das Sein? [...] Das ungeheuere
Problem der Wirklichkeit und ihrer Kriterien eröffnet sich
hier vor uns. [...] Das ist natürlich das Irrealitätsprinzip,
dies Rönnesche Prinzip, und wann ist es in Wirkung, wann
›rauscht es‹? Wenn du zerbrochen bist‹« (8,1902 f.).
Nach eigenem Bekunden Benns ist Rönne keine Figur, die
sich kontinuierlich entwickelt; sie sperrt sich gegen eine
psychologisch folgerichtige Entwicklung. Im Gegenteil, es
charakterisiert sie ein rhythmisches Sichöffnen und Ver-

schließen. Rönne ist ein Mann, wie Benn sagt, der eine kontinuierliche Psychologie nicht mehr in sich trage. So stellen sich auch die Fortsetzungen der ersten Novelle *Gehirne* nicht als eine erzähllogische Reihe dar. Alle Geschichten umkreisen allenfalls punktuelle Stadien mit Durchbruchscharakter, Momente und Augenblicke der Aufhebung und Verschmelzung, die abgelöst werden von solchen Phasen, in denen Rönne versucht, einen ›normalen‹ Kontakt zur ›Wirklichkeit‹ und ›Gemeinschaft‹ aufzubauen. So versucht Rönne in der zweiten Erzählung eine ›Eroberung der Stadt‹. Gleich der zweite Satz heißt: »Dies Land will ich besetzen (5,1192). Später heißt es dann: »Die Eroberung ist zu Ende, sagte er sich; es ist fester Fuß gefaßt« (ebd.). Noch später spricht er die Stadt an: »Liebe Stadt, laß dich doch besetzen! Beheimate mich! Nimm mich auf in die Gemeinschaft!« (ebd.). Rönne unternimmt immer wieder Anstrengungen, seinem Bewusstseinsverfall entgegenzuwirken, seinem Ich Stabilität zu verleihen und zur Wirklichkeit einen unproblematischen Bezug herzustellen. »Man muß nun an alles, was man sieht, etwas anzuknüpfen vermögen, es mit früheren Erfahrungen in Einklang bringen, und es unter allgemeine Gesichtspunkte stellen, das ist die Wirkungsweise der Vernunft, dessen entsinne ich mich« (5,1196). In der *Reise* heißt es entsprechend: »Aufzunehmen gilt es, rief er sich zu, einzuordnen oder prüfend zu übergehn« (5,1204). Mit diesem Vorsatz geht Rönne für eine kurze Zeit an die Wirklichkeit heran; aber schon schnell bricht diese geordnete Welt wieder in sich zusammen: Rönne »stand demütig vor dem Unbegreiflichen; aller Rätsel wurde auch er nicht Herr; das Mythische ragte in sein Leben hinein, die guten und die bösen Dinge, die Träne und das Blut. [...] Nun schwoll wirklich um ihn der Wald. Er sank auf Moos unter Stern und stillen Lauten. Blau stand zwischen Bäumen, Tier und Dorf. In ihrem Bett die Quelle. In ihrem Silberheim die Hügel. Und im Schauer seiner Haut, im Sprunge seiner Glieder, im

Trunk der Augen, in seines Ohres Rausch: er, als der Blüten eine, er, als der Tiere Beischlaf, unter einem Himmel, unter einer Nacht« (5,1197).

In einem Satz ist die Bewegung, der Rönne in den einzelnen Episoden der Erzählung *Die Eroberung* ausgesetzt ist, mit den Worten zusammengefasst: »Ich wollte eine Stadt erobern, nun streicht ein Palmenblatt über mich hin« (5,1199).

Der einzige Weg aus der Krise, in der sich Rönne befindet, ist – wie für die Romantik – der Weg nach Innen, zur schöpferischen Evokation des lyrischen Ich. Dieses Irrealitätsprinzip der dichterischen Imagination deutet sich bereits in der Novelle *Gehirne* an, *Die Insel* nimmt das Motiv wieder auf; in *Der Geburtstag* bedient sich Rönne seiner bewusst und methodisch, um vor der Wirklichkeit zu bestehen: »Den Überschwang galt es zu erschaffen gegen das Nichts« (5,1225). Dies gelingt ihm jedoch nur selten und nur in der rauschhaften Beschwörung einer mittelmeerischen Welt. Dann versinkt er wieder in seine innere Zerrüttetheit: »Manchmal eine Stunde, da bist du; der Rest ist das Geschehen. Manchmal die beiden Fluten schlagen hoch zu einem Traum« (5,1231).

Rönne muss für seine neuen Bewusstseinszustände die angemessene Sprache finden; er muss sich eine Sprache schaffen. Es ist eine Sprache, die Verzicht auf syntaktische Verknüpfungen übt und die sich der Etablierung konditionaler, temporaler, kausaler oder adversativer Zusammenhänge entledigt, die sich die Freiheit der Assoziation und der Parataxe als der Gleichstellung der Eindrücke ›erobert‹. Sprachreflexive Formulierungen finden sich darum mehrfach in den Rönne-Erzählungen: Da ist die Lüge als Intuition, die das Leben zum Schein und zur Schönheit verstellt und dadurch erträglich macht, wie Nietzsche diagnostizierte (vgl. auch das Motto zu *Gehirne*).[59] Einige Stellen seien aus der *Insel* angeführt:

59 Siehe Anm. 57, S. 64.

»Rönne lebte einsam seiner Entwicklung hingegeben und arbeitete viel. Seine Studien galten der Schaffung der neuen Syntax. Die Weltanschauung, die die Arbeit des vergangenen Jahrhunderts erschaffen hatte, sie galt es zu vollenden. Den Du-Charakter des Grammatischen auszuschalten, schien ihm ehrlicherweise notwendig, denn die Anrede war mythisch geworden« (5,1212).

Oder:

»Und wenn er auf die Insel aus dem Gefühl einer Aufgabe heraus gekommen war, an Gegenständen, die er möglichst isoliert unter wenig veränderlichen Bedingungen beobachten konnte, den Begriff nachzuprüfen, so spürte er jetzt schon etwas wie Erfüllung. Die Begriffe, schien ihm, sanken herab. Wie hatte zum Beispiel Meer auf ihm gelegen, ein sprachlicher Bestand, abgeschnürt von allen hellen Wässern, beweglich, aber doch höchstens als Systemwiesel, das Ergebnis eines Denkprozesses, ein allgemeinster Ausdruck. Jetzt aber, schien es ihm, wanderte er dahin zurück, wo es unabsehbare Wässer gab im Süden und im Norden brackige Flut, und Wellen eine Lippe unerwartet salzten. Leise schwand der Drang, es schärfer aufzurichten, es unantastbarer zu umreißen gegenüber Dünen und einem See. Leise fühlte er ihn vergessen, ihn zurückerstatten an seine Wesenheit, an die Möwe und den Tang, den Sturmgeruch und alles Ruhelose – – – – –« (ebd).

Der ›Entwicklung‹ von Rönnes Ich vergleichbar ist es, wenn Benn selbst in seiner Abhandlung *Epilog und lyrisches Ich* davon spricht, dass er begonnen habe, »das Ich zu erkennen als ein Gebilde, das mit einer Gewalt, gegen die die Schwerkraft der Hauch einer Schneeflocke war, zu einem Zustande strebte, in dem nichts mehr von dem, was die moderne Kultur als Geistesgabe bezeichnete, eine Rolle spielte, sondern in dem alles, was die Zivilisation unter Führung der Schulmedizin anrüchig gemacht hatte als Nervenschwäche, Ermüdbarkeit, Psychasthenie, die tiefe, schrankenlose, mythenalte Fremdheit zugab zwischen dem Menschen und der Welt« (8,1875).

Später hat Benn in seiner Abhandlung *Zur Problematik des Dichterischen* zur ›Geschichte des Ich‹ noch ausgeführt:
»Das Ich ist eine späte Stimmung der Natur und sogar eine flüchtige, Innen und Außen erst spät geschieden und für gewisse selten kontrollierte Schichten nicht einmal exakt: ein Kranker wird trepaniert, mit dem Schmerz verschwindet in der Narkose zugleich das Ichbewußtsein, aber er spürt den Meißel an seinem Schädel und ruft: Herein! Das Ich gehört nicht zu den überwältigend klaren und primären Tatsachen, mit denen die Menschheit begann, es gehört zu den bedingten Tatsächlichkeiten, die Geschichte haben, es tritt hinzu, es tritt auf innerhalb eines Früheren, dessen Analyse fortführt von jeder Entwicklungsvorstellung, das zu einer Vorstellung drängt von spontanen Impulsen und einer gewissen Periodizität bei Identität des psychischen Seins. Ganz außerordentliche Erfahrungen aus der letzten Zeit: der Grundstock der Psyche filtriert Identitäten durch alle Rassen und durch alle Zeiten. [...] Reinrassige Neger der nordamerikanischen Südstaaten, traumanalytisch untersucht, produzierten Motive aus der griechischen Mythologie. Jung beschreibt einen Geisteskranken, der sozusagen wortgetreu einen längeren symbolischen Zusammenhang hervorbrachte, der sich in einem einige Jahre später zum erstenmal publizierten Papyros fand. Gestaltung – Rückgestaltung. Wenn die Seele sich entwickelt, bildet sie sich – abwärts. [...] Das Ich, gelöst vom Zwang, im Abbau der Funktionen, reines Ich im Brand der Frühe, akausal, erfahrungs-a-priori, greift rückwärts, den ›tempelschänderischen Griff nach rückwärts‹, hinter den Schleier der Maja« (3,640).

IV. Literaturhinweise

1. Werke und Schriften

Gottfried Benn: Gesammelte Werke in vier Bänden. Hrsg. von Dieter Wellershoff. Wiesbaden 1958–61.
- Gesammelte Werke in acht Bänden. Hrsg. von Dieter Wellershoff. Wiesbaden 1968. [Nach dieser Ausgabe wird zitiert.]
- Sämtliche Werke. Stuttgarter Ausgabe in Verb. mit Ilse Benn. Hrsg. von Gerhard Schuster. Bd. 1–7. Stuttgart 1986 ff. Bd. 1: Gesammelte Gedichte 1 (1956). 1986. – Bd. 2: Gedichte 2. Zu Lebzeiten veröffentlichte Gedichte, die nicht in der Sammlung von 1956 aufgenommen wurden. Gedichte aus dem Nachlaß. Poetische Fragmente (1901–1956). 1986. – Bd. 3: Prosa 1 (1910–1932). 1987. – Bd. 4: Prosa 2 (1933–1945). 1989. – Bd. 5: Prosa 3 (1946–1950). 1990. – Bd. 6: Prosa 4 (1951–1956). 1991. – Bd. 7: Dialogische Formen (1910–1955). Medizinische Schriften. Gesamtregister. 1992.
- Gesammelte Werke in der Fassung der Erstdrucke. Hrsg. von Bruno Hillebrand. 4 Bde. Frankfurt a. M. 1982–85.
- Ausgewählte Briefe. Mit einem Nachw. von Max Ryncher. Wiesbaden 1957 (Taschenbuchausgabe: Fischer Tb. 5465. Frankfurt a. M. 1986).
- Das gezeichnete Ich. Briefe aus den Jahren 1900–1956. München 1962.
- Briefe an F. W. Oelze. 3 Bde. Stuttgart 1977–80.
- Briefe an Tilly Wedekind. 1930–1955. Stuttgart 1986.
- / Paul Hindemith: Briefwechsel. Hrsg. von Ann Clark Fehn. Frankfurt a. M. 1986.
- / Max Ryncher: Briefwechsel 1930–1956. Stuttgart 1986.

2. Gesamtdarstellungen

Brode, Hanspeter: Studien zu Gottfried Benn. In: Deutsche Vierteljahrsschrift für Literaturwissenschaft und Geistesgeschichte 46 (1972) S. 714–763 und 47 (1973) S. 286–309.
- Benn-Chronik. Daten zu Leben und Werk. München/Wien 1978.

Gottfried Benn. München 1974. (Text und Kritik. H. 44.) (Neufassung 1985.)

Gottfried Benn. Hrsg. von Bruno Hillebrand. Darmstadt 1979. (Wege der Forschung. 316.)

Gottfried Benn. Eine Bilddokumentation. München 1981.

Gottfried Benn. 1886–1956. Eine Ausstellung des Deutschen Literatur-Archivs im Schiller-Nationalmuseum – Marbach am Neckar. Marbach 1986.

Gottfried Benn zum 100. Geburtstag. Vorträge zu Werk und Persönlichkeit von Medizinern und Philologen in der Staats- und Universitätsbibliothek Hamburg Carl von Ossietzky. Hrsg. von Will Müller-Jensen [u. a.]. Würzburg 1988.

Buddeberg, Else: Gottfried Benn. Stuttgart 1961.

Hillebrand, Bruno: Benn. Frankfurt a. M. 1986.

Holthusen, Hans-Egon: Gottfried Benn. Leben, Werk, Widerspruch, 1986–1922. Stuttgart 1986.

Kaiser, Helmut: Mythos, Rausch und Reaktion. Der Weg Gottfried Benns. Berlin 1962.

Klemm, Günther: Gottfried Benn. Wuppertal 1958.

Koch, Thilo: Gottfried Benn. Ein biographischer Essay. München 1957.

– Gottfried Benn. Frankfurt a. M. 1986.

Lennig, Walter: Gottfried Benn in Selbstzeugnissen und Bilddokumenten. Hamburg 1962. (Neubearbeitung durch Paul Raabe und Wolfgang Beck 1991.)

Lohner, Edgar: Gottfried Benn. In: Deutsche Dichter der Moderne. Hrsg. von Benno von Wiese. Berlin 1965. S. 479–499.

Nef, Ernst: Das Werk Gottfried Benns. Zürich 1958.

Ridley, Hugh: Gottfried Benn. Ein Schriftsteller zwischen Erneuerung und Reaktion. Opladen 1990.

Sahlberg, Oskar: Gottfried Benns Phantasiewelt ›Wo Lust und Leiche winkt‹. Stuttgart 1977.

Schröder, Jürgen: Gottfried Benn. Poesie und Sozialisation. Stuttgart [u.a.] 1978.

– Gottfried Benn und die Deutschen. Studien zu Werk, Person und Zeitgeschichte. Tübingen 1986.

Über Gottfried Benn. Kritische Stimmen. Hrsg. von Bruno Hillebrand. 2 Bde. Frankfurt a. M. 1987.

Vahland, Joachim: Gottfried Benn. Inventur der Moderne. Hagen 1988.

– Gottfried Benn, der unversöhnte Widerspruch. Heidelberg 1979.

Wellershoff, Dieter: Gottfried Benn. Phänotyp dieser Stunde. Eine Studie über den Problemgehalt seines Werkes. Köln 1958. (Neufassung 1986.)

Wodtke, Friedrich Wilhelm: Gottfried Benn. Stuttgart ²1970.

– Gottfried Benn. In: Expressionismus als Literatur. Hrsg. von Wolfgang Rothe. Bern/München 1969. S. 309–332.

3. Untersuchungen

Allemann, Beda: Gottfried Benn. Das Problem der Geschichte. Pfullingen 1963.

Balser, Hans-Dieter: Das Problem des Nihilismus im Werke Gottfried Benns. Bonn 1970.

Behrmann, Alfred: Der Tod des Orpheus in zwei modernen Gedichten. Rilke: *Sonette an Orpheus* I,26 (1922), Benn: *Orpheus' Tod* (1946). In: Der Deutschunterricht 17 (1965) H. 4. S. 82–89.

Bendix, Konstantin: Rauschformen und Formenrausch. Untersuchungen über den Einfluß von Drogen auf das Werk Gottfried Benns. Frankfurt a. M. [u. a.] 1988.

Bleinagel, Bodo: Absolute Prosa. Ihre Konzeption und Realisierung bei Gottfried Benn. Bonn 1969.

Böckmann, Paul: Gottfried Benn und die Sprache des Expressionismus. In: Der deutsche Expressionismus. Hrsg. von Hans Steffen. Göttingen 1965. S. 63–87.

Bornscheuer, Lothar: Sprache als lyrisches Motiv. In: Wirkendes Wort 19 (1969) S. 217–231.

Buddeberg, Else: Studien zur lyrischen Sprache Gottfried Benns. Düsseldorf 1964.

Dickhoff, Wilfried: Zur Hermeneutik des Schweigens. Ein Versuch über das Imaginäre bei Gottfried Benn. Frankfurt a. M. ²1987.

Eykman, Christoph: Die Funktion des Häßlichen in der Lyrik Hermann Hesses, Georg Trakls und Gottfried Benns. Zur Krise der Wirklichkeitserfahrung im deutschen Expressionismus. Bonn ³1985.

Fritz, Horst: Gottfried Benns Anfänge. In: Jahrbuch der deutschen Schillergesellschaft 12 (1968) S. 383–402.

Gajek, Bernhard: Gottfried Benns *Valse triste*. In: Moderne Lyrik als Ausdruck religiöser Erfahrung. Mit Beiträgen von Dieter

Seiler, Bernhard Gajek und Reinhard Dross. Göttingen 1964. S. 55–62.

Grimm, Reinhold: Gottfried Benn. Die farbige Chiffre in der Dichtung. Nürnberg 1958.

– Montierte Lyrik. In: Germanisch-Romanische Monatsschrift 39 (1958) S. 178–192.

– / Wolf-Dieter Marsch (Hrsg.): Die Kunst im Schatten des Gottes. Für und wider Gottfried Benn. Göttingen 1962.

– Die problematischen *Probleme der Lyrik*. In: Festschrift für Gottfried Weber. Hrsg. von Heinz Otto Burger und Klaus von See. Bad Homburg v. d. H. [u. a.] 1967. S. 299–328.

Große, Ernst Ulrich: Strukturelle Semantik im Deutschunterricht. Mit einem Analysebeispiel: Gottfried Benn *Orphische Zellen*. In: Der Deutschunterricht 27 (1975) H. 6. S. 33–58.

Heimann, Bodo: Der Süden in der Dichtung Gottfried Benns. Diss. Freiburg 1962.

– Ich-Zerfall als Thema und Stil. Untersuchungen zur dichterischen Sprache Gottfried Benns. In: Germanisch-Romanische Monatsschrift 45 (1964) S. 384–403.

Heselhaus, Clemens: Die rhythmische Ausdruckswelt von Gottfried Benn. In: C. H., Deutsche Lyrik der Moderne von Nietzsche bis Yvan Goll. Düsseldorf 1961. S. 258–285.

Hillebrand, Bruno: Artistik und Auftrag. Zur Kunsttheorie von Benn und Nietzsche. München 1966.

Hohmann, Werner: Vier Grundthemen der Lyrik Gottfried Benns gesehen unter der Wirkung der Philosophie Nietzsches. Essen 1986.

Hohendahl, Peter Uwe (Hrsg.): Benn – Wirkung wider Willen. Dokumente zur Wirkungsgeschichte Benns. Frankfurt a. M. 1971.

Homeyer, Helene: Gottfried Benn und die Antike. In: Zeitschrift für deutsche Philologie 79 (1960) S. 113–124.

Horch, Hans Otto: Index zu Gottfried Benns Gedichten. Bearb. in Verb. mit Craig M. Inglis, James K. Lyon. Frankfurt a. M. 1971.

– Gottfried Benn – Worte Texte Sinn. Das Problem deskriptiver Textanalyse am Beispiel der Lyrik. Darmstadt 1975.

Irle, Gerhard: Rausch und Wahnsinn bei Gottfried Benn und Georg Heym. In: Literatur und Schizophrenie. Theorie und Interpretation eines Grenzgebiets. Hrsg. von Winfried Kudszus. Tübingen 1977. S. 104–122.

Jost, Roland / Hansgeorg Schmidt-Bergmann: ›Lyrik ist niemals bloßer Ausdruck‹. Über Artistik und Engagement in der späten Lyrik Benns und Brechts. In: Literatur für Leser (1988) S. 132–147.

Kaussen, Wolfgang: Spaltungen. Zu Gottfried Benns Denken im Widerspruch. Bonn 1981.

Killy, Walter: Elemente der Lyrik. München 1972. S. 36–39.

Krusche, Dietrich: Kommunikation im Erzähltext. 1. Analysen. München 1978. S. 57–69, 173–179.

Kügler, Hans: Künstler und Geschichte im Werk Gottfried Benns. In: H. K., Weg und Weglosigkeit. Neun Essays zur Geschichte der deutschen Literatur im zwanzigsten Jahrhundert. Heidenheim 1970.

– Wort und Wirklichkeit im Frühwerk Gottfried Benns. In: H. K, Weg und Weglosigkeit, S. 51–75.

Liewerscheidt, Dieter: Gottfried Benns Lyrik. Eine kritische Einführung. München 1980.

Lohner, Edgar: Passion und Intellekt. Die Lyrik Gottfried Benns. Neuwied/Berlin-Spandau 1961.

Loose, Gerhard: Die Ästhetik Gottfried Benns. Frankfurt a. M. 1961.

Maier, Rudolf Nikolaus: Das Experiment der Spiegelzertrümmerung. Gottfried Benns *Fragmente*. In: R. N. M., Das moderne Gedicht. Düsseldorf 1959. S. 29–42.

Martens, Gunter: Im Aufbruch das Ziel. Nietzsches Wirkung im Expressionismus. In: Nietzsche. Werk und Wirkung. Hrsg. von Hans Steffen. Göttingen 1974. S. 115–166.

Martini, Fritz: Gottfried Benn. Der Ptolemäer. In: F. M., Das Wagnis der Sprache. Interpretationen deutscher Prosa von Nietzsche bis Benn. Stuttgart 1954. S. 468–517.

Mehl, Dietrich: Mitteilung und Monolog in der Lyrik Gottfried Benns. Diss. München 1961.

Meister, Ulrich: Sprache und lyrisches Ich. Zur Phänomenologie des Dichterischen bei Gottfried Benn. Berlin 1983.

Meyer, Theo: Kunstproblematik und Wortkombinatorik bei Gottfried Benn. Köln 1971.

Michelsen, Peter: Das Doppelleben und die ästhetischen Anschauungen Gottfried Benns. In: Deutsche Vierteljahrsschrift für Literaturwissenschaft und Geistesgeschichte 35 (1961) S. 247–262.

Motekat, Helmut: Gottfried Benn: Das lyrische Ich im Experiment und die Bilderfülle der Tradition. In: H. M., Experiment und Tradition. Vom Wesen der Dichtung im 20. Jahrhundert. Frankfurt a. M. 1962. S. 237–268.

Müller-Seidel, Walter: Zwischen Darwinismus und Jens Peter Jacobsen. Zu den Anfängen Gottfried Benns. In: Fin de siècle. Hrsg. von Klaus Bohnen [u. a.]. Kopenhagen/München 1984. S. 147–171.

Oehlenschläger, Eckart: Provokation und Vergegenwärtigung. Eine Studie zum Prosastil Gottfried Benns. Frankfurt a. M. 1971.

Ohl, Hubert: Vergänglichkeit und Dauer. Gottfried Benns Gedicht *Tag, der den Sommer endet.* In: Wirkendes Wort 21 (1971) S. 84–91.

Peitz, Wolfgang (Hrsg.): Denken in Widersprüchen. Korrelarien zur Gottfried-Benn-Forschung. Freiburg i. Br. 1972.

Rankl, Maximilian: Rönne als Nihilist der Schwäche. Gottfried Benns frühe Prosa im Licht der Philosophie Nietzsches. In: Romantik und Moderne. Hrsg. von Erich Huber-Thoma [u. a.]. Frankfurt a. M. 1986. S. 375–397.

Reichel, Peter: Künstlermoral: Das Formalismusprogramm spätbürgerlicher Dichtung in Gottfried Benns ›gereimter Weltanschauung‹. Berlin 1974.

Reininger, Anton: Regressive Sehnsucht und ihre sprachliche Manipulation. Benns Lyrik der 20er Jahre. In: Annali. Studi tedeschi 27 (1984) S. 135–198.

– Die manipulierte Regression. Benns Lyrik der 20er Jahre. In: Studi Germanici 23 (1985) S. 179–200.

Requadt, Paul: Gottfried Benn und das ›südliche Wort‹. In: P. R., Die Bildersprache der deutschen Italiendichtung von Goethe bis Gottfried Benn. Bern/München 1962. S. 282–302.

Sauder, Gerhard: Gottfried Benn: *Morgue und andere Gedichte.* In: Der Deutschunterricht 42 (1990) H. 2. S. 55–82.

Schmitt, Hans-Jürgen: Über das dichterische Verfahren in der Lyrik Gottfried Benns. Diss. Würzburg 1970.

Schöne, Albrecht: Säkularisation als sprachbildende Kraft. Studien zur Dichtung deutscher Pfarrsöhne. Göttingen 1958. S. 190–226; ²1968, S. 225–267.

Schröder, Jürgen: Gottfried Benn: Poesie und Sozialisation. Stuttgart 1976.

Spinner, Kaspar H.: Gottfried Benn *Nur zwei Dinge.* In: K. H. S., Zur Struktur des lyrischen Ich. Frankfurt a. M. 1975. S. 144–150.

Steinhagen, Harald: Die Statischen Gedichte von Gottfried Benn. Die Vollendung seiner expressionistischen Lyrik. Stuttgart 1969.

– Die Kunst als die eigentliche Aufgabe des Lebens. Gottfried Benns Rückzug in die Ausdruckswelt. In: Gottfried Benn. 1886–1956. Referate des Essener Colloquiums. Hrsg. von Horst Albert Glaser. Frankfurt a. M. [u. a.] 1989. S. 75–98.

– (Hrsg.): Gedichte von Gottfried Benn. Stuttgart 1997.

Strelka, Joseph P.: Das neuzeitliche Ich in der Lyrik Gottfried Benns und Paul Celans. In: Zeitschrift für deutsche Philologie 106 (1987) S. 236–251.

Vietta, Silvio / Hans-Georg Kemper: Expressionismus. München 1975. S. 61–68, 171–174.

– Gottfried Benns Subjektkritik und sein politischer Fehlschritt. In: Gottfried Benn. 1886–1956. Hrsg. von Horst Albert Glaser. Frankfurt a. M. [u. a.] 1989. S. 229–242.

Völker, Ludwig: ›Trauer und Licht‹: Benn. In: L. V., Muse Melancholie – Therapeutikum Poesie. Studien zum Melancholie-Problem in der deutschen Lyrik von Hölty bis Benn. München 1978. S. 110–126.

Willems, Gottfried: Großstadt- und Bewußtseinspoesie. Über Realismus in der modernen Lyrik, insbesondere im lyrischen Werk Gottfried Benns und in der deutschen Lyrik nach 1965. Tübingen 1981.

V. Abbildungsnachweis

Gedichte und Interpretationen

IN RECLAMS UNIVERSAL-BIBLIOTHEK

Philipp Reclam jun. Stuttgart